Der Alleinvertriebsvertrag

Ein Praktikerleitfaden mit Checkliste für Alleinvertrieb
in der Schweiz und im schweizerisch-internationalen (EU) Verhältnis

von
Dr. Jürg E. Hartmann
Dr. Felix W. Egli
Dr. Bernhard F. Meyer-Hauser

Rechtsanwälte in Zürich und Zug

Zweite Auflage

Dike Verlag AG St. Gallen 1995

Satz und Druck: Prisma Druck, H. Ladde, 8808 Pfäffikon
© Dike Verlag AG St. Gallen 1995

ISBN 3-905455-27-7

Inhaltsverzeichnis

Einleitung

Der Alleinvertriebsvertrag ist im grenzüberschreitenden Verkehr ein in der Praxis weitverbreitetes Mittel zur Gestaltung der Vertriebsbeziehungen. Der Lieferant eines bestimmten Produktes kann sich mit der Bestellung eines Alleinvertreters auf rationale Weise das Vertriebs-Know-how auf einem ihm oft wenig bekannten ausländischen Markt zunutze machen.

Bei der Gestaltung der vertraglichen Beziehungen von grenzüberschreitenden Alleinvertriebsverträgen ist insbesondere zu beachten, dass die Unterstellung unter das schweizerische Recht nicht verhindert, dass gewisse Auswirkungen der Vertragsbeziehungen nicht nur nach dem grundsätzlich anwendbaren schweizerischen Recht, sondern auch nach den besonders betroffenen ausländischen Rechtsordnungen überprüft werden müssen. Im Vordergrund steht dabei die Berücksichtigung von zwingenden ausländischen (supranationalen) kartellrechtlichen Vorschriften.

Für die Schweiz spielen im Aussenhandel die Handelsströme mit den Mitgliedstaaten der Europäischen Union eine überragende Rolle. Trotz dem ablehnenden Entscheid des Schweizer Volkes über den Beitritt zum Europäischen Wirtschaftsraum (EWR) vom 6. Dezember 1992 wird das Recht der Europäischen Union die Gestaltung von Alleinvertriebsverträgen zwischen einem Schweizer Unternehmen und einem Unternehmen mit Sitz in der Europäischen Union entscheidend prägen. Nicht nur das umfassend anwendbare Wettbewerbsrecht, sondern auch andere Rechtsvorschriften der Europäischen Union – wie insbesondere die Vorschriften über die Produktehaftpflicht – sind folglich im Rechtsverkehr mit Unternehmen aus der Europäischen Union auch bei schweizerischem Recht unterstellten Alleinvertriebsverhältnissen zu berücksichtigen.

Der durch den Beitritt von Österreich, Schweden und Finnland auf den 1. Januar 1995 ausgelöste neue Integrationsschub der Europäischen Union wird gestützt auf die Intensität der Wirtschaftsbeziehungen auch bei einem (vorläufigen) Abseitsstehen der Schweiz dafür sorgen, dass die schweizerische Rechtsordnung noch verstärkt im Rahmen eines autonomen Nachvollzugs von wegweisenden Entwicklungen des Rechts der Europäischen Union beeinflusst werden

wird. Neuere Gesetzgebungsarbeiten – wie beispielsweise das neue Produktehaftpflichtgesetz oder auch das nunmehr von beiden Räten verabschiedete neue
Kartellgesetz – sind nachhaltige Zeugen dieser Entwicklung.

Die kontinuierliche Entwicklung des Rechts der Europäischen Union, aber auch
seit dem Jahre 1984 ergangene gewichtige neue Erlasse des schweizerischen
Rechts – wie beispielsweise das Bundesgesetz über das Internationale Privatrecht aus dem Jahre 1987 oder das Produktehaftpflichtgesetz aus dem Jahre 1993 –
waren uns Anlass, die 1984 publizierte Broschüre "Der Alleinvertriebsvertrag"
zu überarbeiten und neu aufzulegen.

In der Neuauflage wird in einem allgemeinen Teil (Kapitel A) der Alleinvertriebsvertrag in seiner verkehrstypischen Ausgestaltung und Form unter
schweizerischem Vertragsrecht dargestellt. Sodann werden (vertieft) die kartell-
rechtlichen Aspekte des Alleinvertriebsvertrages vorab nach dem Recht der
Schweiz und der Europäischen Union untersucht (Kapitel B). Letztlich werden
spezielle Aspekte internationaler Alleinvertriebsverträge näher beleuchtet (Kapitel C, D und E). Mit Anhang 1 wird ein Vertragsraster für Alleinvertriebsverträge
angefügt, der dem Praktiker bei der Vertragserstellung behilflich sein soll.
Anhang 2 gibt wesentliche Gesetzestexte wieder, die bei Alleinvertriebsverträgen
mit Bezug zur Schweiz i.d.R. zu berücksichtigen sind.

Zürich, im Oktober 1995

A) Allgemeines zum Alleinvertriebsvertrag

1. Der Alleinvertrieb als spezielle Vertriebsform

Fabrikations- und Handelsunternehmen stehen hinsichtlich des Vertriebes ihrer Produkte oder Handelswaren verschiedene Instrumente zur Erschliessung und Sicherung von Absatzwegen und -Märkten zur Verfügung. Aus betriebswirtschaftlicher Sicht lassen sich grundsätzlich zwei Vertriebsarten unterscheiden. Ausschlaggebendes Merkmal für die Unterscheidung ist, inwieweit der Lieferant das Vertriebsrisiko in seinen eigenen Händen behält oder an die nächste Marktstufe weitergibt.

a) *Der Lieferant behält bezüglich des Vertriebes im relevanten Absatzmarkt ganz oder zumindest sehr weitgehend die wirtschaftliche Dispositionsbefugnis, aber auch das ganze Vertriebsrisiko in seinen Händen. Dies trifft zu beim eigenen Direktvertrieb sowie beim Vertrieb über Zweigniederlassungen, Tochtergesellschaften, Handelsreisende, Kommissionäre, Makler und Agenten.*

Bei all diesen Vertriebsformen wird die Ware letztlich auf Rechnung des Lieferanten an den Kunden verkauft und geliefert. Beim Lieferanten verbleibt somit das volle *Vertriebsrisiko* im relevanten Absatzmarkt in Form des Eigentümer-, Lager-, Kapital- und Gewährleistungsrisikos der Handelsware. Ebenso verhält es sich grundsätzlich mit dem Delkredererisiko, sofern dieses nicht vertraglich auf Agenten, Kommissionäre, Makler oder Banken (mittels Factoring- oder Forfaitierungsverträgen) überwälzt werden kann. Die Überwälzung des Delkredererisikos ist jedoch regelmässig mit erheblichen Kosten verbunden.

Die Tragung des beschriebenen Vertriebsrisikos bringt dem Lieferanten indes den Vorteil, dass er ganz oder zumindest sehr weitgehend die *wirtschaftliche Dispositionsbefugnis* bezüglich des Vertriebes im relevanten Absatzmarkt behält. Er kann – insbesondere im Rahmen der geltenden wettbewerbsrechtlichen Schranken – frei die im relevanten

Markt gegenüber Kunden zu verfolgende Preis- und Absatzpolitik
bestimmen bzw. diese gegenüber Kommissionären, Maklern und Agenten vertraglich festlegen und durchsetzen. Er behält, auf einen Nenner
gebracht, den Absatzkanal und -markt ganz oder zumindest sehr weitgehend in seiner Hand.

b)   *Der Lieferant behält, wenn auch nicht vollständig, so doch weitgehend*
       (über vereinbarte Weisungs- und Informationsrechte), die wirtschaft-
       liche Dispositionsbefugnis bezüglich des Vertriebes im relevanten Markt
       unter gleichzeitiger Abwälzung des Vertriebsrisikos. Dies trifft beim
       Alleinvertriebsvertrag zu. Mit dem Alleinvertriebsvertrag hat der Liefe-
       rant ein interessantes und aggressives Vertriebsmittel, welches bei rich-
       tiger Ausgestaltung dem Lieferanten trotz Reduktion des Vertriebsrisikos
       eine einheitliche Marktbearbeitung ermöglicht.

Beim entsprechend ausgestalteten Alleinvertriebsvertrag bleibt für den
Lieferanten der Vorteil der wirtschaftlichen Dispositionsbefugnis über
den Vertrieb auf dem relevanten Markt weitgehend erhalten. Wird die
wirtschaftliche Dispositionsbefugnis des Lieferanten mit engen Wei-
sungs- und anderen Rechten gegenüber dem Alleinvertreter zur Sicherstellung eines uniformen Marktauftrittes umfassend wahrgenommen,
so wird der Alleinvertriebsvertrag zum Franchisingvertrag, wobei die
Abgrenzung fliessend ist. Im Vergleich zum Direktvertrieb, dem Vertrieb über Zweigniederlassungen, Tochtergesellschaften, Handelsreisende, Kommissionäre, Makler und Agenten kann jedoch das Vertriebsrisiko beinahe vollständig ausgeschaltet und dem als Eigenhändler
auf eigene Rechnung und Gefahr handelnden Alleinvertreter überbun-
den werden. Dieser kennt zudem oft Markt und Kundschaft besser; er
ist als interessierter Eigenhändler folglich in der Lage, den Markt effizienter als der Lieferant zu erschliessen und zu bearbeiten.

Für den Lieferanten bestehen *zur Wahl des Alleinvertriebsvertrages als*
Vertriebsmittel vielfältige *Motive.*

–   Er kann sich zum Abschluss eines Alleinvertriebsvertrages ent-
      scheiden, weil er die Kosten des Aufbaus und des Unterhalts einer

eigenen Vertriebsorganisation mittels Direktvertrieb, Zweigniederlassungen oder Tochtergesellschaften im konkreten Fall als zu hoch erachtet.

– Er kann den Alleinvertriebsvertrag wählen, weil er über zu wenig Marktkenntnisse und Geschäftsbeziehungen (vorab in unerschlossenen und ausländischen Märkten) verfügt.

– Die Entscheidung zugunsten des Alleinvertriebsvertrages wird auch wesentlich durch Risikoüberlegungen, d.h. durch die mehr oder minder grosse Möglichkeit der Abwälzung des Vertriebsrisikos, beeinflusst.

– Der Entscheid zum Vertrieb über einen Alleinvertreter kann auch damit begründet sein, dass diese Vertriebsform gegenüber dem Vertrieb über Handelsreisende, Kommissionäre, Makler und Agenten u.U. effizienter ist, weil dem Alleinvertreter als Eigenhändler eine unternehmerische Freiheit mit grösserem Gewinnpotential eingeräumt wird.

All diese Vorteile wird der Lieferant beim Alleinvertriebsvertrag gegen mögliche Nachteile und Beschränkungen der wirtschaftlichen Dispositionsbefugnis abzuwägen haben; letztere können sich vorab aus wettbewerbsrechtlichen Schranken ergeben[1].

Auch für den Alleinvertreter bestehen vielfältige Motive zum Abschluss eines Alleinvertriebsvertrages.

– Mit dem Alleinvertrieb kann der Alleinvertreter seine selbständige Stellung als Eigenhändler behalten.

– Er schützt sich zudem (weitgehend oder vollständig) vor einem "Intra-brand-Wettbewerb" und kann über die auf Dauer angelegte Vertriebsbeziehung seine Vertriebsrisiken geringer halten.

– Bei entsprechend ausgestalteten Verträgen kann er auf Schulung und Verkaufsunterstützung des Lieferanten zählen, was die Absatzchancen erhöht.

---

1   Vgl. dazu unten B) Ziff. 1–5, S. 37 ff.

– Nicht uninteressant kann im weiteren bei wartungsintensiven
  Produkten das Nachverkaufsgeschäft sein.

Diese Vorteile hat der Alleinvertreter gegen Nachteile dieser Vertriebsform abzuwägen, welche sich insbesondere in der Kündigung des
Alleinvertriebsvertrages und (vielfach entschädigungsloser) Markt-
übernahme durch den Lieferanten manifestieren[2].

2   Charakteristika des Alleinvertriebsvertrages

Der Alleinvertriebsvertrag ist im schweizerischen Recht wie auch im
Regelfalle in ausländischen Rechtsordnungen nicht gesetzlich normiert[3].
Es ist deshalb nicht ohne weiteres möglich, Charakteristika oder Merkmale, die den Kernbereich von Alleinvertriebsverträgen umschreiben,
allgemeingültig aus den Gesetzesmaterialien zu bestimmen.

Vorliegend wird im Sinne einer Arbeitsgrundlage und in Anlehnung an
die Regelung in der Gruppenfreistellungsverordnung der Europäischen
Union (EU)[4] der *Alleinvertriebsvertrag in seinem Kernbereich wie folgt
definiert:*

Alleinvertriebsverträgen (als *auf bestimmte Dauer angelegte Rahmen-
Rechtsverhältnisse*) ist eigen,

(i) dass sich der Lieferant gegenüber dem Alleinvertreter verpflichtet,
     diesen in einem zugewiesenen *Vertragsgebiet* exklusiv mit *Ver-
     tragsware* zum Weiterverkauf zu beliefern, und zwar als einen in
     eigenem Namen auf eigene Rechnung agierenden Eigenhändler
     (*ausschliessliche Lieferverpflichtung*);

---

2   Vgl. dazu unten A) Ziff. 3.3.3, S. 29 f.
3   Vgl. dazu unten A) Ziff. 3.2, S. 23 f.
4   Vgl. dazu insbesondere Bekanntmachung der EG Kommission zu den Gruppenfrei-
     stellungsverordnungen Nr. 1983/83 und Nr. 1983/84 vom 22. Juni 1983, in: Anhang 2,
     S. 113 f. (II. 1).

und

(ii) dass sich der Alleinvertreter gegenüber dem Lieferanten verpflichtet, die Vertragsware *als Eigenhändler* in eigenem Namen und auf eigene Rechnung zu kaufen (*Bezugspflicht*) und deren Absatz im Vertragsgebiet zu fördern (*Verkaufsförderungsverpflichtung*).

Nicht notwendig vertragstypisch (aber dennoch meistens vereinbart in Alleinvertriebsverträgen) sind beispielsweise Alleinbezugsklauseln, wonach der Vertreter/Bezüger gehalten ist, die Vertragsware ausschliesslich beim Lieferanten zu beziehen[5]. Auch nicht notwendig und typisch sind Bestimmungen über das Verbot des Lieferanten, im Vertragsgebiet Vertragsware direkt an Kunden zu verkaufen. Weiter sind Vertriebsbindungs- oder Gebietsschutzklauseln, die – soweit überhaupt wettbewerbsrechtlich zulässig – lediglich die Stringenz der Durchführung des Vertrages beschlagen, nicht typisierend[6].

Unter Berücksichtigung der aufgezählten Merkmale wird der Alleinvertriebsvertrag nach herrschender Lehre im schweizerischen Recht durch *zwei gleichzeitig bestehende Austauschverhältnisse* (Doppelsynallagma) charakterisiert: (i) das *Kauf- oder Werklieferungsverhältnis*, bei dem der (aus den einzelnen Bestellungen und Kaufverträgen resultierenden) Lieferpflicht des Lieferanten die Abnahme- und Zahlungspflicht des Alleinvertreters gegenübersteht, sowie (ii) das typische *Alleinvertriebsverhältnis*, bei dem der Pflicht des Lieferanten zur exklusiven Überlassung des Vertragsgebietes die (explizit vereinbarte und implizit immer bestehende) Verkaufsförderungspflicht des Alleinvertreters gegenübersteht.

---

5   Alleinbezugsklauseln typisieren Alleinbezugsvereinbarungen, wie sie im Gaststätten- und Tankstellengeschäft üblich sind; vgl. dazu Bekanntmachung der EG Kommission vom 22. Juni 1983, in: Anhang 2, S. 113 f. (II. 1).

6   Vgl. dazu Gruppenfreistellungsverordnung Nr. 1983/83, Art. 1 und 2; für den Wortlaut vgl. Anhang 2, S. 107 ff.

In der *Praxis* tritt der Alleinvertriebsvertrag in *verschiedensten Aus-
gestaltungen* auf, welche jeweils auf die spezifischen wirtschaftlichen
Bedürfnisse der konkret betroffenen Parteien zugeschnitten sind: Be-
stimmend für die Ausgestaltung der Vertragsverhältnisse sind letztlich
Verhandlungsposition und Marktmacht des betreffenden Lieferanten
bzw. Alleinvertreters sowie allfällig bestehende gesetzliche Schranken,
welche die Freiheit der Vertragsgestaltung der Parteien limitieren
können.

3   Die Ausgestaltung des Alleinvertriebsvertrages

3.1   Gängiger Inhalt von Alleinvertriebsverträgen

Bezüglich der Ausgestaltung des Inhalts von Alleinvertriebsverträgen
sind die Parteien im Rahmen der in liberalen Rechtssystemen bestehenden Vertragsfreiheit weitgehend frei. Schranken bestehen jedoch
durch zahlreiche zwingende Vorschriften der jeweils auf den Alleinvertriebsvertrag anwendbaren Rechtsordnung(en), wobei vorab die wettbewerbsrechtlich gesetzten Limiten zu berücksichtigen sind. Deren Nichtbeachtung kann zur Ungültigkeit von Vertragsbestimmungen und in
gewissen Fällen zur Nichtigkeit des gesamten Vertrages führen. Diese
Konsequenzen gilt es in jedem Falle zu vermeiden. Darauf wird weiter
unten zurückzukommen sein (vgl. dazu unten B) Ziff. 3.2.4, S. 60 ff.).

Ungeachtet dieser Schranken und des Rechtsbestandes einzelner Bestimmungen, finden sich in Alleinvertriebsverträgen nebst den oben erwähnten, typisierenden Kernregelungen die folgenden gängigen Klauseln
und Bestimmungen:

–   *Vertragstypische Alleinvertriebsklauseln*, die den Lieferanten ver-
    pflichten, den Alleinvertreter im Vertragsgebiet mit Vertragsware
    exklusiv für den Wiederverkauf, und zwar als einen im eigenen
    Namen auf eigene Rechnung agierenden Eigenhändler zu beliefern.

Wichtig ist dabei die genaue Umschreibung der Vertragsware sowie des Vertragsgebietes und der allfällig bestimmten Absatzkundschaft. Häufig wird hier die gegebenenfalls bei Vertragsbeginn bereits bestehende Kundschaft aufgeführt; dies, um später Kundenakquisition und Goodwillschaffung des Alleinvertreters besser beurteilen zu können. Die Goodwillschaffung des Alleinvertreters kann ihre Bedeutung im Zusammenhang mit Goodwillentschädigungen bei Vertragsbeendigung haben (vgl. dazu unten A) Ziff. 3.3.3, S. 29 f.).

– *Vertragstypische Verkaufsförderungsklauseln*, welche den Alleinvertreter *allgemein zur Förderung* des Wiederverkaufes der Vertragsprodukte im Vertragsgebiet in eigenem Namen auf eigene Rechnung anhalten (wobei sich diese Pflicht auch aus stillschweigender Vereinbarung bzw. unmittelbar aus der Natur des Alleinvertriebsvertrages ergibt, da sie als Korrelat zur Alleinvertriebsberechtigung zu verstehen ist).

Im einzelnen werden die folgenden konkreten Verpflichtungen des Alleinvertreters häufig geregelt und festgeschrieben: Führung *vollständiger Warensortimente*, *Mindestabnahmeverpflichtungen*, Verpflichtung des Vertriebs der Vertragsware unter bestimmtem *Warenzeichen* (Marke) und in bestimmter *Ausstattung* (mit oder ohne Möglichkeit der Änderung der Vertragsware durch den Alleinvertreter), *Werbeverpflichtung*, Verpflichtung zur *Lagerhaltung* und *Verkaufsnetzunterhaltung* (mit oder ohne Einsetzung von Untervertretern durch den Alleinvertreter), *Kundendienst-* und *Garantieleistungsverpflichtungen*, Verpflichtung zur Anstellung von *geschultem Personal*.

– *Vertragstypische Kauf- oder Werklieferungsklauseln*, wonach sich der Lieferant (generell und rahmenvertragsmässig) zum Verkauf der Vertragsware an den Alleinvertreter verpflichtet, wobei der Alleinvertreter seinerseits (generell und rahmenvertragsmässig) zum Bezug und Kauf zwecks Wiederverkauf gebunden ist.

– *Konkurrenzverbotsklauseln*, wonach der Alleinvertreter während der Vertragsdauer verpflichtet wird, Konkurrenzprodukte zur Vertragsware weder herzustellen noch zu vertreiben.

– *Alleinbezugsverpflichtungen*, wonach der Alleinvertreter gehalten ist, Vertragsware zum Weiterverkauf nur vom Lieferanten (oder einem vom Lieferanten bezeichneten Dritten) zu beziehen und zu kaufen.

Die bis anhin aufgeführten Klauseln und Verpflichtungen sind unter schweizerischem Recht wie auch unter dem EU-Recht gemäss EG-Vertrag Art. 85 in Verbindung mit der EU Gruppenfreistellungs-verordnung Nr. 1983/83 wettbewerbsrechtlich grundsätzlich unbe-denklich[7].

– *Direktbelieferungsverbotsbestimmungen*, wonach sich der Lieferant verpflichtet, im Vertragsgebiet des Alleinvertreters keine End-Kunden oder Verbraucher direkt zu beliefern. Auch diese Be-stimmungen sind, wie oben erwähnt, grundsätzlich unter schweize-rischem wie auch EU-Recht unbedenklich[8].

– *Preisbindungsklauseln und andere Verkaufsklauseln*, die den Allein-vertreter verpflichten, die Vertragsware nur zu bestimmten vorge-schriebenen Preisen oder Preisspannen bzw. sonstigen Konditionen weiterzuverkaufen. Derartige Preisklauseln sind in der Regel wett-bewerbsrechtlich delikat und in gewissen Fällen unzulässig, was vorab für das EU-Recht zutrifft (vgl. dazu unten B) Ziff. 3.2.2, S. 51 ff.). Andere Verkaufsklauseln sind dagegen je nach Fall zu-lässig und auch sinnvoll (wie z. B. Allgemeine Verkaufs- und Liefer-bedingungen bezüglich Garantien und Gewährleistungsbestim-mungen).

---

7   Vgl. Art. 1 und 2 der Gruppenfreistellungsverordnung Nr. 1983/83 der EG Kommis-sion vom 22. Juni 1983 betr. Alleinvertriebsvereinbarungen in: Anhang 2, S. 107.
8   Vgl. Art. 1 und 2 der Gruppenfreistellungsverordnung Nr. 1983/83 der EG Kommis-sion vom 22. Juni 1983 betr. Alleinvertriebsvereinbarungen in: Anhang 2, S. 107.

— *Vertriebsbindungs- und Gebietsschutzklauseln.* Durch stringente
Ausgestaltung dieser Klauseln, insbesondere auch im Zusammen-
wirken mit obigen Preisbindungs- und Konkurrenzklauseln, können
Vertragsgebiete bzw. *Absatzmärkte vollständig isoliert und abge-
schottet werden.* Dies, indem durch Vertriebsbindungsklauseln dem
Alleinvertreter die Verpflichtung auferlegt wird, keine Vertragsprodukte an Verbraucher und Händler ausserhalb des Vertragsgebietes
bzw. Vertragsprodukte nur an bestimmte Abnehmer innerhalb des
Vertragsgebietes zu verkaufen. Im Gegenzug (und verstärkend)
verpflichtet sich der Lieferant, unter einer Gebietsschutzklausel
sicherzustellen, dass keine Vertragswaren durch Drittvertreter an
Abnehmer im Vertragsgebiet verkauft werden. Damit werden Parallelimporte in das Vertragsgebiet des Alleinvertreters, die einen intra-
brand Wettbewerb ermöglichen würden, eliminiert. Spiegelbildlich
wird durch die Vertriebsbindungsklausel dieses Resultat für die
übrigen Absatzmärkte der weiteren Alleinvertreter ermöglicht.

Grundsätzlich sind derartige Marktisolierungen durch Vertriebs-
bindungs- und Gebietsschutzklauseln im System eines freien Wettbewerbes nicht erwünscht und damit wettbewerbsrechtlich be-
denklich. Dies trifft vorab für das EU-Recht zu. Danach sind
Gebietsschutzklauseln unzulässig. Vertriebsbindungen des Alleinvertreters sind nur soweit unbedenklich, als diesem auferlegt wird,
"ausserhalb seines Vertragsgebietes für die Vertragswaren keine
Kunden zu werben, keine Niederlassung einzurichten und keine
Auslieferungslager zu unterhalten"[9]. Ein Belieferungsverbot an
Händler und Verbraucher ausserhalb des Vertragsgebietes ist daher
nicht statthaft.

---

9   Vgl. Art. 2 Abs. 2 lit. c der Gruppenfreistellungsverordnung Nr. 1983/83 der EG Kom-
       mission vom 22. Juni 1983 betr. Alleinvertriebsvereinbarungen in: Anhang 2, S. 107.

– *Kaufrechtliche Abwicklungs- und Abrechnungsklauseln,* welche die
Modalitäten der Einzelgeschäfte, d.h. der Warenbestellung und des
Warenkaufs, regeln (Preisbestimmung, Preisänderungsvorbehalte,
Bestellung und Bestellungsfristen, Mindestbestellmengen, Bestäti-
gung, Auslieferung, Auslieferungsfristen, Transport, Zölle, Steuern,
Übergang der Gefahr, mögliche Vereinbarungen betreffend Konsig-
nationslager beim Alleinvertreter, Versicherung, Zahlung, Rabatte,
Verrechnungsverbote, Fristen und Behandlung von Mängelrügen,
u.a.m.).

Hier werden oft Allgemeine Verkaufs- und Lieferbedingungen des
Lieferanten wie auch gebräuchliche INCOTERMS-Bestimmungen[10]
zum integralen Vertragsbestandteil erklärt.

– *Garantie- und Enthaftungsklauseln,* welche dem Alleinvertreter
entweder über die gesetzlichen Gewährleistungsrechte hinausgehende Garantieansprüche zusichern oder seine gesetzlichen Gewährleistungsrechte beschränken bzw. aufheben. Auch hier wird oft
auf Allgemeine Verkaufs- und Lieferbedingungen des Lieferanten
verwiesen, die zum Vertragsbestandteil erklärt werden.

– *Verkaufsunterstützungsklauseln des Lieferanten,* die diesen zu
Werbematerialüberlassung, Werbung, Aufrechterhaltung von Marken
und anderen Schutzrechten, Informationen über Vertragsware,
Märkte und besondere Entwicklungen sowie allgemeine Verkaufsunterstützung anhalten.

– *Berichterstattungs- und Auskunftsklauseln des Alleinvertreters,* die
diesen zur Marktbeobachtung und periodischen Unterrichtung des
Lieferanten über Kundschaft, Geschäftsgang und Markt verpflichten.

– *Unterstützungspflichten des Alleinvertreters,* die diesen anhalten,
bei Verletzung von Marken und anderen Schutzrechten des Lieferanten letzteren zu unterstützen.

---

10   INCOTERMS 1990 der Internationalen Handelskammer, ICC-Publikation Nr. 460.

- *Garantieserviceklauseln/Serviceklauseln*, welche den Service des Alleinvertreters sowohl während der vertraglichen Garantiefrist wie auch danach regeln.

- *Bestimmungen bezüglich Vertragsdauer und Kündigungsklauseln*, welche die Modalitäten der Beendigung des Vertrages regeln.

In diesem Zusammenhang werden oft auch die (vorzeitigen) *Vertragsbeendigungen aus wichtigem Grund* sowie daraus sich ergebende Schadenersatzansprüche geregelt. Wichtige Gründe werden häufig extensiv definiert, wobei insbesondere auch die wesentliche Änderung der Rechtsform oder der Beteiligungsverhältnisse zur vorzeitigen Beendigung des Vertrages führen soll.

- *Goodwillklauseln*, wodurch Goodwillentschädigungen an den Alleinvertreter bei Auflösung des Vertragsverhältnisses wegbedungen oder vereinbart werden (vgl. dazu eingehender unten A) Ziff. 3.3.3, S. 29 f.).

- *Auslaufklauseln*, wonach Regelungen getroffen werden bezüglich Disposition des beim Alleinvertreter bei Vertragsende allfällig verbleibenden Waren- und Ersatzteillagers sowie der Aufrechterhaltung des Kundenservice nach Vertragsende innerhalb und ausserhalb der noch bestehenden Gewährleistungsfristen, die den Kunden schützen.

In diesen Auslaufklauseln werden auch Regelungen für kurz vor Vertragsende zu tätigende Bestellungen sowie die bei Vertragsende noch pendenten Geschäfte getroffen.

- *Beendigungsklauseln*, in denen Rückgabepflichten, vorab des Alleinvertreters, sowie Fälle des Retentionsrechts geregelt werden.

- *Nachvertragliche Geheimhaltungsklauseln*, wonach die Parteien (über die meist bestehende gesetzliche Regelung hinaus) zur Wahrung von Geschäftsgeheimnissen der Gegenseite verpflichtet werden.

- *Nachvertragliche Konkurrenzklauseln*, die den Alleinvertreter verpflichten, während einer gewissen Zeit nicht mit konkurrierenden Produkten tätig zu sein. Derartige Bestimmungen bedürfen meist einer Überprüfung aus vertrags- und wettbewerbsrechtlicher Sicht (vgl. dazu ausführlicher unten A) Ziff. 3.3.2, S. 28 f., sowie für das schweizerische Kartellrecht B) Ziff. 2.2, S. 41 ff. und das EU-Wettbewerbsrecht B) Ziff. 3.2.2, S. 51 ff.).

– *Force Majeure-Bestimmungen*, unter denen die Parteien den Fall höherer Gewalt samt Freistellung von ihren Pflichten während dieser Zeit regeln. Häufig wird dabei der Begriff der höheren Gewalt, soweit gesetzlich bestimmt und vorgegeben, erweitert und es werden insbesondere gewisse Lieferungs- und Absatzhindernisse in den Begriff und damit die Freizeichnung eingeschlossen.

– *Salvatorische Klauseln*, welche die Rechtsfolgen bei Unwirksamkeit einzelner Vertragsbestimmungen regeln mit dem Ziel, den Vertrag weitmöglichst aufrechtzuerhalten.

– *Rechtswahlbestimmungen*, die den Alleinvertriebsvertrag sowie auch die darauf basierenden Kauf- und Werklieferungsverträge einer bestimmten Rechtsordnung unterstellen (vgl. dazu unten A) Ziff. 3.3.6, S. 33 ff.).

– *Gerichtsstand- oder Schiedsgerichtsbestimmungen*, welche zuständige Gerichte oder Institutionen zur Streiterledigung vorsehen (vgl. dazu unten A) Ziff. 3.3.6, S. 33 ff.).

– *Vollständigkeitsbestimmungen und Schriftformvorbehaltsklauseln*, welche Vollständigkeit der Vereinbarung ohne Nebenabreden vorsehen und die Änderung oder Ergänzung des Vertrages, einschliesslich der Aufhebung des Vorbehaltes, der Schriftform unterstellen.

– *Endklauseln* bezüglich Ausfertigung des Vertrages und Unterzeichnungsort.

3.2 Rechtsquellen bei inländischen (schweizerischem Recht unterstehenden) Alleinvertriebsverträgen

Im schweizerischen Recht ist der Alleinvertriebsvertrag gesetzlich nicht normiert; er ist folglich als *Innominatkontrakt* zu bezeichnen. Dies trifft im Regelfalle auch für die ausländischen Rechtsordnungen zu (keine gesetzlichen Regelungen des Alleinvertriebsvertrages bestehen beispielsweise in den die Schweiz umgebenden Ländern Deutschland, Frankreich, Italien und Österreich).

Der *Alleinvertriebsvertrag* weist jedoch zumindest *in (wesentlichen) Teilen* seines Inhaltes verwandte Züge mit gesetzlich normierten Verträgen, wie namentlich dem *Kaufvertrag* (OR Art. 184 ff.), dem *Agenturvertrag* (OR Art. 418 a ff.) und dem *Auftrag* (OR Art. 394 ff.) auf. Die kaufvertraglichen Elemente finden sich vorab in den Kauf- und Werklieferungsklauseln bzw. den kaufrechtlichen Abwicklungs- und Abrechnungsklauseln, die letztlich einen Sukzessivlieferungsvertrag begründen. Die agentur- und auftragsrechtlichen Elemente sind namentlich in den Klauseln über die Verkaufsförderungspflichten des Alleinvertreters enthalten. Gewisse Teile des Alleinvertriebsvertrages, wie beispielsweise die Alleinvertriebsklausel, lassen sich indes nicht gesetzlich normierten Verträgen zuordnen. Sie verbleiben als *Innominatselemente*.

Der Richter wird mangels abweichender vertraglicher Regelung der Parteien zunächst die zwingenden und dispositiven *gesetzlichen Bestimmungen* der genannten Vertragsverhältnisse zur Auslegung und Ergänzung eines Alleinvertriebsvertrages heranziehen, sofern der Vertrag als rein inländischer Vertrag oder qua Rechtswahl der Parteien nach schweizerischem Recht zu beurteilen ist. Dabei wird er aber auch die in der Praxis entwickelten *verkehrstypischen Elemente* des Alleinvertriebsvertrages berücksichtigen.

Angesichts des Umstandes, dass der Alleinvertriebsvertrag als Innominatkontrakt keine (abschliessende) gesetzliche Normierung erfahren hat, ist eine präzise und ausführliche vertragliche Regelung durch die Parteien im Hinblick auf die Schaffung von Klarheit, Rechtssicherheit und Durchsetzbarkeit von grösster Wichtigkeit.

Bei inländischen Alleinvertriebsverträgen sind sodann die wettbewerbs-
rechtlichen Schranken zu beachten, die durch das *schweizerische
Kartellgesetz* gesetzt werden. Dazu sei auf die Ausführungen unter B)
Ziff. 2, S. 38 ff. verwiesen.

Auch ohne EU-Beitritt der Schweiz ist sodann in extremen Fällen nicht
auszuschliessen, dass selbst rein inländische Alleinvertriebsverträge
durch wettbewerbsrechtliche Bestimmungen des *EU-Rechtes* (Art. 85
EG-Vertrag) beeinflusst werden. Dies, soweit eine spürbare Beeinträchtigung des Handels und des Wettbewerbes zwischen EU-Mitgliedstaaten aus dem Vertrag resultiert (vgl. dazu unten B) Ziff. 3, S. 45 ff.).

3.3   Einzelprobleme im Zusammenhang mit wichtigen Klauseln

3.3.1 Gewährleistung und Garantie

In Alleinvertriebsverträgen ist es üblich, entweder durch besondere Vertragsklauseln oder durch Verweise auf allgemeine Verkaufs- und
Lieferbedingungen des Lieferanten (seltener Einkaufsbedingungen des
Alleinvertreters) eine Regelung der Garantie- und Gewährleistungsansprüche des Alleinvertreters zu treffen. Fehlen derartige Klauseln, so
kommen bei Alleinvertriebsverträgen unter schweizerischem Recht vorab die *kaufvertraglichen Gewährleistungsbestimmungen zur Anwendung
(OR Art. 192 bis 210)*. Enthält der Alleinvertriebsvertrag nicht Kauf-,
sondern *Werklieferungsklauseln*, so beurteilt sich die Gewährleistung
nach *OR Art. 367 ff.*

Nach den gesetzlichen *kaufvertraglichen Gewährleistungsbestimmungen* haftet der Lieferant für die zugesicherten Eigenschaften der Vertragsware sowie auch dafür, dass diese nicht körperliche (oder rechtliche) Mängel aufweist, die Wert oder Tauglichkeit zum vorausgesetzten
Gebrauch aufheben oder erheblich mindern (OR Art. 197). Verletzt der
Lieferant seine diesbezüglichen Pflichten, so hat er dem Käufer den
durch die Mangelhaftigkeit verursachten *unmittelbaren und mittelbaren*

Schaden zu ersetzen. Dabei kann sich der Lieferant auch bei Nachweis, dass ihn kein Verschulden trifft, nicht von der Haftung für den unmittelbaren Schaden befreien (OR Art. 208 Abs. 2). Lediglich der Haftung für den mittelbaren Schaden kann sich der Lieferant entziehen, soweit er seine Schuldlosigkeit beweisen kann (OR Art. 208 Abs. 3). Ob der sogenannte *Mängelfolgeschaden* dabei im Einzelfalle als unmittelbarer oder (nur) als mittelbarer Schaden qualifiziert werden muss, ist in Lehre und Rechtsprechung umstritten. Das schweizerische Bundesgericht will unter dem mittelbaren Schaden lediglich den entgangenen Gewinn verstanden wissen (BGE 79 II 379 ff.), während ein Teil der Lehre darunter auch – abstellend auf die Intensität des Kausalzusammenhangs – weitere Schadenpositionen subsumiert.

Zusätzlich zu diesen Gewährleistungsansprüchen hat der Käufer das Recht, *Minderung des Kaufpreises* oder *Wandelung* (=Rückabwicklung) des gesamten Kaufes zu verlangen (OR Art. 205); allerdings entscheidet letztlich der Richter, ob unter den gegebenen Umständen Wandelung, oder ob nur Minderung gerechtfertigt ist. Nur beim Verkauf vertretbarer Ware (*Gattungskauf*) gibt das Gesetz dem Käufer zusätzlich das Recht auf Lieferung neuer vertragsgemässer Ware bzw. einen *Nachbesserungsanspruch* (OR Art. 206 Abs. 1; BGE 95 II 125 ff.)[11].

Unter der dargestellten gesetzlichen Haftungsregelung kann der Alleinvertreter und Käufer seine (recht weitgehenden und käuferfreundlichen) Ansprüche nur wahren, sofern er (für jede Lieferung unter dem Alleinvertriebsvertrag) den strengen *Prüf- und Rügepflichten* nachkommt. Bezüglich *offener Mängel* hat der Käufer die Ware, sobald es nach dem normalen Geschäftsgang möglich ist, zu prüfen und sofort und spezifiziert Mängelrüge zu erheben (OR Art. 201 Abs. 1). Bei *verborgenen Mängeln*, die bei ordentlicher Prüfung nicht erkennbar sind, hat der Käufer sofort bei Feststellung spezifizierte Mängelrüge zu erheben (OR Art. 201 Abs. 3). Allerdings *verjähren sämtliche Gewährleistungsansprüche* des Käufers (Minderung, Wandelung, Schadenersatz

---

11 Im Werkvertragsrecht besteht dagegen ein Nachbesserungsanspruch des Bestellers gemäss OR Art. 368 Abs. 2.

und Nachbesserung) gemäss dispositiver gesetzlicher Regelung *ein Jahr nach Ablieferung an den Käufer* (OR Art. 210 Abs. 1); damit müssen offene und verborgene Mängel innert dieser Frist erkannt, richtig und zeitgerecht gerügt und klageweise geltend gemacht werden (sofern nicht sonstwie eine Verjährungsunterbrechung erwirkt werden kann; vgl. dazu OR Art. 134 ff.).

Angesichts dieser (dispositiven) gesetzlichen Regelung ist verständlich, dass die Parteien bei Alleinvertriebsverträgen häufig eine *spezifische vertragliche Regelung der Gewährleistungsansprüche* suchen, welche die Eigenheiten des Vertragsproduktes angemessen berücksichtigt. Dabei ist die Tendenz feststellbar, die *Haftung des Lieferanten zu beschränken.* Wird eine teilweise (oder seltener gänzliche) Wegbedingung der gesetzlichen Haftung des Lieferanten vereinbart, was grundsätzlich möglich ist, so sind die Schranken von OR Art. 199 zu beachten. Danach ist eine Vereinbarung über die Aufhebung oder Beschränkung der Gewährspflicht ungültig, falls Mängel arglistig verschwiegen worden sind. Die Lehrmeinung, wonach ein Haftungsausschluss auch unmöglich sei, falls der Verkäufer die Schlechterfüllung vorsätzlich oder grobfahrlässig verschuldet hat (vgl. OR Art. 100 und 101), hat bisher noch keinen Eingang in die Rechtsprechung gefunden[12]. Andererseits werden oft die gesetzlich (zu kurzen) *Prüf- und Rügefristen des Käufers verlängert*; dies meist unter gleichzeitiger *Einräumung eines Nachbesserungsanspruches des Käufers* (bei Verträgen, welche nicht die Lieferung von vertretbarer Ware beinhalten).

---

12 Soweit in Zusammenhang mit Alleinvertriebsverträgen die Haftungsausschlüsse in Allgemeinen Geschäftsbedingungen festgeschrieben werden, ist zusätzlich Art. 8 des Bundesgesetzes über den unlauteren Wettbewerb (UWG) zu beachten. Danach führen irreführende Allgemeine Geschäftsbedingungen zur richterlichen Inhaltskontrolle und Nichtbeachtung von Haftungsausschlüssen.

Diese Ausgestaltung der Gewährleistungsansprüche führt zu der in der Praxis verbreiteten Figur der *Hersteller- oder Lieferantengarantie*[13]. Der Lieferant verpflichtet sich, über einen gewissen Zeitraum das einwandfreie Funktionieren des Produkts zu garantieren. Damit verbunden ist die Zusage, defekte Produkte zu reparieren oder nachzubessern oder durch vertragsgemässe mängelfreie Ware zu ersetzen. Gleichzeitig wird jedoch in der Regel die Haftung des Lieferanten für Mängelfolgeschäden und Wandelung entweder strikte limitiert oder meistens gänzlich ausgeschlossen. Bei gewissen Konsumgütern (z. B. Haushaltgeräten) ist der Lieferant und Hersteller bereit, die Herstellergarantie durch die Ausstellung eines entsprechenden Garantiescheines unmittelbar gegenüber dem Endkonsumtenten zu gewähren. Der Endkonsument erhält damit die Möglichkeit, kaufvertragliche Gewährleistungsansprüche ohne Zwischenschaltung des Alleinvertreters direkt gegenüber dem Hersteller geltend zu machen und durchzusetzen.

Solche Herstellergarantien haben gewisse Ähnlichkeit mit einer *Produktehaftpflicht*, soweit sie dem Verbraucher u.a. Rechte gegenüber dem Hersteller einräumen, die – auch bei Fehlen einer direkten vertraglichen Beziehung des Verbrauchers zum Hersteller (falls der Vertrieb über Zwischenhändler, wie Alleinvertreter, erfolgte) – zum Tragen kommen. Im Unterschied zur eigentlichen Produktehaftpflicht deckt die Herstellergarantie aber in der Regel nur Schäden am fehlerhaften Produkt; die eigentliche Produktehaftpflicht zielt demgegenüber im Kern auf eine (verschuldensunabhängige) Haftpflicht nur für Schäden, die durch das fehlerhafte Produkt verursacht werden. Eine solche (verschuldensunabhängige) Produktehaftpflicht besteht heute in der Schweiz seit Inkraftsetzung des Bundesgesetzes über die Prokutehaftpflicht, also seit 1. Januar 1994 (welches im Rahmen der Rechtsangleichungsbestrebungen an das EU-Recht, dem sogenannten Swiss-Lex-Paket, eingeführt wurde).

---

13 Meist handelt es sich dabei um Sachgewährleistungspflichten des Lieferanten und nicht um eigentliche (abstrakte) Garantien analog OR Art. 111.

Bei internationalen Alleinvertriebsverträgen ist schliesslich auch zu
beachten, dass die Schweiz dem Übereinkommen der Vereinten Nationen über Verträge im internationalen Warenkauf (*Wiener Kaufrecht*)
vom 11. April 1980 beigetreten ist. Es gilt in der Schweiz seit 1. März
1991[14].

3.3.2 Konkurrenzverbote

Fehlt eine ausdrückliche Regelung des Konkurrenzverbots im Vertrag,
so ist dem *Alleinvertreter* eine *Konkurrenztätigkeit* unter schweizerischem Recht grundsätzlich weder während der Dauer des Vertrages
noch nach dessen Auflösung verwehrt. Mit der gehörigen Abnahme und
Bezahlung der (einmal) fest vereinbarten Lieferungen und mit der allgemeinen Verkaufsförderungstätigkeit erfüllt der Alleinvertreter den
Vertrag, so dass er darüber hinaus nicht noch zu einer besonderen
Geschäftstreue gegenüber dem Lieferanten verpflichtet werden kann.
Dies trifft vor allem dann zu, wenn sich der Alleinvertreter zur Abnahme
eines bestimmten Quantums verpflichtet hat und dieser Verpflichtung
auch gehörig nachkommt. Ein *Konkurrenzverbot während der Vertragsdauer* kann indes *gültig* im Vertrag vereinbart werden[15].

Ist ein *Konkurrenzverbot* vereinbart, das *über die Beendigung des Alleinvertriebsvertrages hinausgehen* soll, so unterliegt es nach schweizerischem Recht gemäss massgeblicher Lehre in weiten Teilen den gleich
strengen gesetzlichen Anforderungen wie *agentur- und arbeitsvertrags-
rechtliche Konkurrenzverbote*[16]. Hierzu ist zu bemerken, dass Bundes-
gerichtsentscheide zu dieser Frage noch ausstehen und dass die wirtschaftliche Selbständigkeit und Unabhängigkeit des Alleinvertreters
eine analoge Anwendung der agentur- und arbeitsvertragsrechtlichen

---

14   Vgl. dazu ausführlicher unten D, S. 75 ff.
15   Dies trifft zu für das schweizerische Recht wie auch für das EU-Recht; zu letzterem
       vgl. Gruppenfreistellungsverordnung Nr. 1983/83 der EG Kommission vom 22. Juni
       1983 betreffend Alleinvertriebsvereinbarungen, in: Anhang 2, S. 107, (Art. 2)
16   Vgl. Gautschi, Kommentar zum Schweizerischen Privatrecht, Band VI, Obligationen-
       recht, N. 4d zu Art. 418 d OR.

Konkurrenzverbotsregelung (OR Art. 418 d sowie OR Art. 340 bis 340 c) nicht unbedingt erfordern. Sollte sich indes die vertretene strenge Auffassung auch beim Bundesgericht durchsetzen, so wären Konkurrenzverbote nach Ort, Zeit und Gegenstand angemessen zu begrenzen und könnten vom Richter unter Würdigung aller Umstände eingeschränkt werden, wenn sie das wirtschaftliche Fortkommen des Alleinvertreters in unbilliger Weise erschweren. Ein Konkurrenzverbot, das nach Auflösung des Vertrages gelten soll, dürfte somit nur unter besonderen Umständen drei Jahre überschreiten, und der Lieferant hätte dem Alleinvertreter für die Dauer des Verbots ein unabdingbares besonderes Entgelt analog OR Art. 418 d Abs. 2 zu bezahlen.

Ein Konkurrenzverbot fällt dahin, wenn der Lieferant nachweisbar kein erhebliches Interesse mehr daran hat, oder wenn der Alleinvertriebsvertrag durch den Lieferanten gekündigt wird, ohne dass ihm der Alleinvertreter hierzu begründeten Anlass gegeben hätte. Ferner ist ein Konkurrenzverbot dann unverbindlich, wenn zwar der Alleinvertreter das Vertragsverhältnis kündigt, die Gründe dazu jedoch vom Lieferanten zu verantworten sind.

Letztlich ist darauf hinzuweisen, dass nachvertragliche Konkurrenzverbote auch wettbewerbsrechtlichen Schranken unterliegen können. Dazu sei auf die Ausführungen unter B) Ziff. 2.2, S. 41 ff. für das schweizerische Recht und B) Ziff. 3.2.2, S. 51 ff. für das EU-Recht verwiesen.

3.3.3 Goodwillentschädigung

Der Alleinvertreter bearbeitet den Markt in eigenem Namen, doch kommen die wirtschaftlichen Vorteile, insbesondere in Form der Kundenakquisition, vorerst indirekt, später direkt auch dem Lieferanten zugute. Diese Vorteile können u.U. noch bestehen, nachdem der Vertrag mit dem Alleinvertreter aufgelöst worden ist. Bei Beendigung eines langjährigen Alleinvertriebsvertrages stellt sich folglich regelmässig die Frage nach einer vom Lieferanten zu entrichtenden Abgangs- oder Goodwillentschädigung.

Nach dem heutigen Stand der Rechtsprechung hat der Alleinvertreter *unter schweizerischem Recht keinen gesetzlichen Anspruch* auf eine Abgangs- oder *Goodwillentschädigung* bei Beendigung des Vertrages. Damit hat der Lieferant im Alleinvertriebsvertrag – im Gegensatz zum Lieferanten im Agenturvertrag, bei dem eine Goodwillentschädigung zwingend vorgeschrieben ist (OR Art. 418 u) – ohne besondere vertragliche Vereinbarung keine Pflicht, den Alleinvertreter bei Auflösung des Vertragsverhältnisses für den geschaffenen, unter Umständen recht erheblichen Goodwill zu entschädigen. Diese in der Literatur stark umstrittene Rechtsprechung hat schon in manchen Fällen dazu geführt, dass Alleinvertreter einen Produktemarkt aufgebaut haben, der später – nach Beendigung des Vertrages – vom Lieferanten ohne Entrichtung einer Goodwillentschädigung direkt übernommen werden konnte.

Die Rechtsprechung des Bundesgerichtes erscheint namentlich *bei Markenartikeln diskutabel*, weil die Kundschaft in diesem Fall weniger für die Person des Alleinvertreters als für den Markenartikel selbst geworben und auf letzteren fixiert wird. Nimmt der Lieferant das Alleinverkaufsrecht zurück, nachdem der Alleinvertreter einen Kundenstock aufgebaut hat, so fällt dem die Marke kontrollierenden Lieferanten durch die Arbeit des Alleinvertreters ein zusätzlicher Goodwill unentgeltlich und mit geringerem Risiko zu als dem über ein Agenturnetz vertreibenden Auftraggeber. Es ist deshalb nicht völlig auszuschliessen, dass das Bundesgericht seine diesbezügliche Rechtsprechung in Zukunft revidieren und zumindest bei Alleinvertriebsverträgen mit Markenartikeln eine Goodwillentschädigung zusprechen wird. Soll diese mögliche Konsequenz aus einer allfälligen Praxisänderung des Bundesgerichts vermieden werden, so empfiehlt es sich bereits heute, einen ausdrücklichen Ausschluss der Goodwillentschädigung in den konkreten Vertrag aufzunehmen. Der Ausschluss wird allerdings nur Bestand haben, sofern die Goodwillentschädigung lediglich als dispositives Recht anerkannt wird; sollte ihr jedoch analog dem Agenturvertrag zwingende Wirkung zukommen, so könnte der Ausschluss keine Wirkung entfalten.

3.3.4 Ordentliche und ausserordentliche Kündigung von Alleinvertriebsverträgen

Enthält ein Alleinvertriebsvertrag keine Regelung der Kündigung, so kommen nach Auffassung des schweizerischen Bundesgerichts bei auf unbestimmte Dauer abgeschlossenen Alleinvertriebsverträgen die *Kündigungsregelungen des Agenturvertragsrechtes* analog zur Anwendung *(OR Art. 418 q).* Danach besteht im ersten Vertragsjahr ein beidseitiges Kündigungsrecht auf das Ende eines Kalendermonats hin, unter Beachtung einer einmonatigen Kündigungsfrist. Vom zweiten Vertragsjahr an ist eine Kündigung auf das Ende jedes Kalenderquartals möglich, sofern eine Kündigungsfrist von zwei Monaten eingehalten wird.

Diese agenturvertragsrechtlichen Kündigungsfristen erweisen sich im Falle von Alleinvertriebsverträgen oft als zu kurz, weshalb eine vertragliche Verlängerung empfehlenswert ist. Dies haben auch Rechtsprechung und Lehre erkannt, so dass bei fehlender vertraglicher Vereinbarung *längere Kündigungsfristen in Erwägung gezogen werden*, die dem mutmasslichen Parteiwillen im Hinblick auf Vertriebsaufbau und Amortisation getroffener Investitionen entsprechen.

In Ergänzung zu den oben dargestellten Kündigungsregeln hat das schweizerische Bundesgericht entschieden, dass die agenturvertragsrechtlich vorgesehene fristlose *Kündigung aus wichtigem Grund* (OR Art. 418 r) in analoger Weise auch auf Alleinvertriebsverträge Anwendung finde. Die Kündigung aus wichtigem Grund stellt eine zwingende gesetzliche Regelung dar, welche durch eine anderslautende vertragliche Vereinbarung nicht beseitigt werden kann. Dem ist namentlich aus unternehmensplanerischer Sicht Rechnung zu tragen, weil die meist auf Dauer angelegten Alleinvertriebsverträge dann ein abruptes Ende nehmen können, falls einer Partei die Fortsetzung des Vertragsverhältnisses nicht mehr zuzumuten ist[17]. Die Frage der Zumutbarkeit ist dabei

---

17 Als wichtiger Grund gilt jeder Umstand, bei dessen Vorhandensein dem Zurücktretenden aus Gründen der Sittlichkeit oder nach Treu und Glauben die Fortsetzung des Verhältnisses nicht mehr zugemutet werden darf; vgl. dazu Art. 337 Abs. 2 OR.

losgelöst vom Verschulden zu prüfen, so dass ein zur Kündigung berechtigender wichtiger Grund (z.B. eine grundlegende Veränderung des Marktes) vorliegen kann, auch wenn die andere Partei an dieser Situation schuldlos ist.

3.3.5 Auslaufklauseln

Im Grundsatz ist der *Lieferant* bei Beendigung des Alleinvertriebsvertrages *nicht verpflichtet,* das gegebenenfalls noch bestehende *Warenlager des Alleinvertreters zurückzukaufen,* welches letzterer während der Vertragsdauer als Eigenhändler erworben und gekauft hat. Diese Auffassung entspricht herrschender Lehre und Rechtsprechung in der Schweiz. Eine gesetzliche Regelung dieser Frage besteht nicht, zumal – wie oben ausgeführt – der Alleinvertriebsvertrag als solcher in der Schweiz gesetzlich nicht normiert ist.

Schwieriger gestaltet sich die Problematik des Lagerrückkaufs, falls der Alleinvertreter einem (rechtsgültigen) nachvertraglichen Konkurrenzverbot untersteht und er den Vertrag weder gekündigt noch Anlass zur Kündigung gegeben hat. Eine ähnliche Situation liegt vor, falls der Vertrag aus wichtigem Grund, den der Lieferant zu vertreten hat, durch den Alleinvertreter gekündigt werden musste. In solchen (und ähnlichen) Beendigungssituationen kann es angemessen sein, dass der Richter gemäss ZGB Art. 1 Abs. 2 in gesetzgeberischer Rechtsfindung eine Verpflichtung des Lieferanten zum Rückkauf von Lagerware anerkennt, zumindest soweit es sich nicht um fehldisponierte Ware handelt. Wird eine Rücknahmepflicht anerkannt, hat der Richter in der Regel auch den Rücknahmepreis festzulegen, was indes Schwierigkeiten bereiten kann (Einstandspreis, Marktpreisschwankungen, Verschlechterungen und Entwertungen etc.).

Gesetzlich ungeregelt ist sodann die bei Vertragsbeendigung bestehende *Ersatzteil- und Reparaturproblematik.* Je nach Ausgestaltung der Gewährleistungs- und Serviceregelung[18] wird der Alleinvertreter aus

---

18   Insbesondere falls Gewährleistungs- und Reparaturarbeiten nicht unmittelbar durch den
      Lieferanten ausgeführt werden.

Verkäufen gegenüber seinen Abnehmern bei Vertragsende noch über gewisse Zeit gewährleistungs- sowie reparatur- und nachbesserungspflichtig sein. Er kann jedoch seinen Verpflichtungen (oft) nur nachkommen, sofern er über Ersatzteile, Werkzeuge und Personal verfügt. Zumindest während dieser Zeit könnte gemäss ZGB Art. 1 Abs. 2 in gesetzgeberischer Rechtsfindung des Richters eine Nachbelieferungspflicht des Lieferanten erkannt werden, sofern der Lieferant diesen Pflichten (unter entsprechender Entschädigung) nicht selbst (oder über neue Alleinvertreter) nachkommt.

Gesamthaft betrachtet verbirgt sich in den Auslauftatbeständen eine recht grosse Regelungsproblematik; *es empfiehlt sich daher im Interesse beider Parteien, den Fragen der Letztbestellungen (während dem gekündigten Vertragsverhältnis), des verbleibenden Warenlagers, der nachvertraglich noch laufenden Gewährleistungsansprüche der Abnehmer sowie allgemein des nachvertraglichen Kundenservice gebührende Beachtung zu schenken und eine angemessene vertragliche Regelung zu suchen.* Diese hat sowohl den Interessen des Lieferanten (Einsetzung von neuen Alleinvertretern ohne Verkäufe durch den alten Vertreter im Vertragsgebiet, Aufrechterhaltung des Kundenservice) wie auch des Alleinvertreters (kostenminimale Absetzung der Lagerware sowie korrekte Entledigung von Gewährleistungspflichten gegenüber den Abnehmern) gerecht zu werden. Dabei wird die vertragliche Regelung des Vertragsauslaufes auch durch ein nachvertragliches Konkurrenzverbot des Alleinvertreters nachhaltig beeinflusst, sofern ein solches Verbot zulässigerweise vereinbart werden kann.

3.3.6   Anwendbares Recht und Gerichtsstand

Rein *inländische (schweizerische) Alleinvertriebsverträge* zwischen Parteien mit Domizil in der Schweiz unterstehen ohne weiteres dem schweizerischen Recht. Die Frage des auf das Vertragsverhältnis anwendbaren Rechts stellt sich nicht.

Bei *grenzüberschreitenden Alleinvertriebsverträgen* ist abzuklären, ob
die Parteien eine gültige Rechtswahl zu Gunsten einer bestimmten
nationalen Rechtsordnung getroffen haben. Fehlt eine Rechtswahl der
Parteien, so ist das anwendbare Recht nach den am Gerichtsort geltenden kollisionsrechtlichen Grundsätzen zu ermitteln (für die Schweiz,
sofern und soweit nicht ohnehin das Wiener Kaufrecht Anwendung findet (unten, D, S. 75 ff.), nach den Regeln des Bundesgesetzes über das
Internationale Privatrecht [IPRG]), wobei der Alleinvertriebsvertrag in
der Regel dem Recht des Alleinvertreters unterstellt wird (IPRG
Art. 117 für ordentliche Gerichte bzw. IPRG Art. 187 Abs. 1 für Schiedsgerichte).

Diesbezüglich hat das Bundesgericht in der Schweiz ursprünglich die
Ansicht vertreten, die kaufrechtlichen Elemente des Alleinvertriebsvertrages geböten eine Unterstellung des Vertrages unter das Recht des
Verkäufers und Lieferanten. Diese Praxis wurde jedoch im Jahre 1974
aufgegeben. Anknüpfend an die allgemein anerkannte Theorie vom
engsten räumlichen Zusammenhang und der charakteristischen Leistung
hat das Bundesgericht in einem grundlegenden Entscheid (BGE 100 II
450 ff.) generell festgestellt, beim Alleinvertriebsvertrag erbringe der
Alleinvertreter, funktionell und wirtschaftlich betrachtet, die bedeuten-
dere Leistung, weshalb der *Alleinvertriebsvertrag als Ganzes dem Recht
des Alleinvertreters zu unterstellen sei.* Seit dem Inkrafttreten des IPRG
(1. Januar 1989) ist der Grundsatz des engsten räumlichen Zusammen-
hangs in IPRG Art. 117 Abs. 1 gesetzlich festgeschrieben: "Bei Fehlen
einer Rechtswahl untersteht der Vertrag dem Recht des Staates, mit dem
er am engsten zusammenhängt". Dabei wird vermutet, der engste
Zusammenhang bestehe mit dem Staat, in dem die Partei, welche die
charakteristische Leistung erbringt, ihr Domizil hat (IPRG Art. 117
Abs. 2). Nachdem die charakteristische Leistung des Alleinvertriebsvertrages in der exemplifikativen Aufzählung in IPRG Art. 117 Abs. 3
nicht näher definiert ist, bleibt es auch heute bei der alten bundes-
gerichtlichen Rechtsprechung, wonach der Alleinvertreter die charak-

teristische Leistung erbringt und der Alleinvertriebsvertrag mangels Rechtswahl der Parteien dem Recht des Alleinvertreters untersteht.

In Analogie zur Rechtsprechung zu OR Art. 418 b Abs. 2 (bezüglich Agenturverträgen) darf, wenn Wohnsitz und Tätigkeitsgebiet des Alleinvertreters nicht identisch sind, angenommen werden, dass in der Regel das Recht desjenigen Landes zur Anwendung gelangt, in dem der Alleinvertreter tätig wird. Dies entspricht auch sinngemäss der Regelung von IPRG Art. 117 Abs. 2.

Im internationalen Verhältnis ist die Parteiautonomie hinsichtlich der *Rechtswahl der Parteien* bei Schuldverträgen wie dem Alleinvertriebsvertrag grundsätzlich unbestritten und anerkannt. IPRG Art. 116 Abs. 1 stellt den lapidaren Grundsatz auf: "Der Vertrag untersteht dem von den Parteien gewählten Recht". Das IPRG gesteht den Parteien bei der Rechtswahl grösstmögliche Freiheit zu und verzichtet grundsätzlich auf weitere Zulässigkeitsvoraussetzungen (so auch IPRG Art. 187 für Schiedsgerichte). In formeller Hinsicht verlangt das IPRG jedoch, dass die Rechtswahl ausdrücklich erfolgen muss oder sich eindeutig aus dem Vertrag oder den Umständen zu ergeben hat (IPRG Art. 116 Abs. 2).

Bei einer Rechtswahl durch die Parteien wird indes unterstellt, dass die Parteien ein vernünftiges Interesse für ihre Rechtswahl geltend machen können und sie damit keinen Rechtsmissbrauch bezwecken. Andererseits kann nicht ohne weiteres erwartet werden, dass durch eine arbiträre Rechtswahl zwingende wettbewerbsrechtliche Bestimmungen, die ansonsten den Alleinvertriebsvertrag beeinflussen würden, einfach ausgeschaltet und eliminiert werden können (vgl. IPRG Art. 19 sowie Art. 187).

Bei internationalen Alleinvertriebsverträgen, bei denen im Rahmen der Rechtssicherheit in jedem Falle *eine eindeutige und klare schriftliche Rechtswahl der Parteien zu empfehlen* ist, wird sich vorab die Unterstellung des Vertrages unter das Recht des Lieferanten oder des Allein-

vertreters aufdrängen. Nur in seltenen Fällen wird die Wahl eines Dritt-
rechtes gerechtfertigt sein, so z.b. des schweizerischen Rechts als soge-
nanntem neutralem Recht.

In engem Zusammenhang mit der Rechtswahl und der Rechtswahlklausel steht sodann die im Vertrag gewählte *Gerichtsstandbestimmung*
oder *Schiedsvereinbarung.* Die Gültigkeit der von den Parteien getroffe-
nen Rechtswahl hängt vorab davon ab, ob diese auch von dem letztlich
den Fall beurteilenden Gericht anerkannt wird, welches zu dieser Frage
sein Recht, die lex fori, anwenden wird. Der angerufene schweizerische
Richter wird damit die Zulässigkeit der Rechtswahl gemäss IPRG
Art. 116 Abs. 1 bzw. Art. 187 überprüfen. Die richtige Festlegung der
Gerichtsstandbestimmung oder Schiedsvereinbarung wird jedoch auch
beeinflusst durch die Möglichkeit der internationalen Vollstreckung des
Urteils.

In internationalen Alleinvertriebsverträgen ist aus den dargelegten Gründen zur vorgängigen Abschätzung der Zulässigkeit der Rechtswahl und
der Möglichkeit von Anerkennung und Vollstreckung des Urteils die
Einbringung einer *Gerichtsstandsklausel bzw. Schiedsgerichtsklausel*
zu empfehlen. Bei Fehlen einer derartigen Klausel hat der Kläger den
Beklagten in aller Regel an seinem Domizilgerichtsstand zu belangen
(IPRG Art. 2), und es ist damit für jeden einzelnen derartigen Gerichtsstand die Zulässigkeit der Rechtswahl wie auch die Anerkennung und
Vollstreckung des Urteils vorab zu prüfen[19].

---

19   Zum Problembereich der Erledigung von Streitigkeiten bei internationalen Allein-
       vertriebsverträgen vgl. ausführlicher unten E), S. 77 ff.

B) Kartell- und wettbewerbsrechtliche Aspekte von Alleinvertriebsverträgen

1 Kartell- und wettbewerbsrechtliche Aspekte von Alleinvertriebsverträgen im Allgemeinen

In der Regel wirken Alleinvertriebsverträge wettbewerbsfördernd auf Lieferantenstufe und wettbewerbsbeschränkend auf Handelsstufe: Der (beschränkte) Konkurrenzschutz des Alleinvertriebsvertrags ermöglicht dem Alleinvertreter, sich auf den Absatz der Produkte eines bestimmten Lieferanten zu konzentrieren. Der Alleinvertriebsvertrag erweist sich als Absatzförderungsmassnahme des Lieferanten, die dessen Position im Herstellerwettbewerb verstärken soll[20].

Diese Ambivalenz der Wettbewerbswirkungen führt dazu, dass die meisten Kartellrechtsordnungen Alleinvertriebsverträge differenziert beurteilen. Dabei werden jeweils die für die Absatzförderung nicht notwendigen Wettbewerbsbeschränkungen als unzulässig erklärt und sanktioniert.

Was in diesem Sinn "notwendige" Wettbewerbsbeschränkungen sind, wird von den verschiedenen Kartellrechtsordnungen unterschiedlich beantwortet. Blosse Ausschliesslichkeitsklauseln, d.h. Klauseln, welche die Vertragsparteien während der Vertragsdauer zur Unterlassung von Geschäftsbeziehungen mit bestimmten Dritten zwingen, sind als solche kaum problematisch. Andere Klauseln bieten jedoch unter gewissen Kartellrechtsordnungen erhebliche Probleme, so etwa absolute Gebietsschutzklauseln (Ausschluss von Parallelimporten) oder Klauseln, die den Alleinvertreter beim Weiterverkauf einem Preis- oder Konditionendiktat unterwerfen.

---

20   Illustrativ Ziff. 5 ff. der Präambel zur Gruppenfreistellungsverordnung Nr. 1983/83 der EG Kommission vom 22. Juni 1983 betreffend Alleinvertriebsvereinbarungen; vgl. Wortlaut in Anhang 2, S. 104 f.

Beim Abschluss von Alleinvertriebsverträgen sind daher die kartell-
bzw. monopolrechtlichen Aspekte unter der bzw. den jeweils anwendbaren Kartellrechtsordnung(en) sorgfältig zu prüfen. Andernfalls wird
das Risiko in Kauf genommen, längerfristige Dispositionen zu treffen
und Verträge abzuschliessen, die zivilrechtlich undurchsetzbar sind und
die Parteien verwaltungsrechtlichen Sanktionen, d.h. Bussen oder
Zwangsgeldern, aussetzen.

2 Alleinvertriebsverträge mit ausschliesslich innerschweizerischer Auswirkung

*Für Alleinvertriebsverträge, die sich nur in der Schweiz auswirken, ist
in kartell- und monopolrechtlicher Hinsicht ausschliesslich das
schweizerische Kartellrecht, d.h. im Zeitpunkt der Drucklegung dieses
Buches (November 1995) das Bundesgesetz über Kartelle und ähnliche
Organisationen vom 20. Dezember 1985 (KG)[21], von Bedeutung.*

Die von Parteien mit Sitz in der Schweiz für ein schweizerisches Vertragsgebiet abgeschlossenen Alleinvertriebsverträge entfalten i.d.R. nur
Inlandwirkungen. Für solche Alleinvertriebsverträge sind *andere Kartellrechtsordnungen als diejenige des KGs grundsätzlich irrelevant*; nur
wenn solche Alleinvertriebsverträge ausnahmsweise Auslandwirkung
entfalten, können sie von einer ausländischen Kartellrechtsordnung
erfasst werden[22].

*Das schweizerische Kartellgesetz enthält für Alleinvertriebsverträge
nur wenige Schranken:* Das KG erfasst viele Alleinvertriebsverträge
nicht oder nur teilweise und lässt jene, die es erfasst, i.d.R. zu. Dies ist
im folgenden näher zu erläutern.

---

21   In Kraft seit 1. Juli 1986; Vgl. (auszugsweiser) Wortlaut in: Anhang 2, S. 156 ff.
22   Vgl. dazu unten B) Ziff. 3, S. 45 ff.; zur korrekten Einschätzung dieses Risikos ist vom
      relevanten ausländischen Auswirkungsbegriff auszugehen.

2.1 Löchriger Geltungsbereich des schweizerischen Kartellgesetzes

Alleinvertriebsverträge fallen nur dann vollständig, d.h. mit allen Vertragsklauseln, in den Geltungsbereich des KG, wenn zumindest eine Vertragspartei

– selber ein *Kartell*[23] ist bzw. als Mitglied eines Kartells zum Abschluss von Alleinvertriebsverträgen verpflichtet ist; oder

– selber eine *kartellähnliche Organisation*[24] ist.

Bei Alleinvertriebsverträgen, an denen weder ein Kartell noch eine kartellähnliche Organisation im obigen Sinn beteiligt ist, fallen *lediglich die Ausschliesslichkeits-*[25] *und die Vertriebsbindungsklau-*

---

[23] Ein Kartell ist eine Vereinbarung zwischen Unternehmen, mit welcher die Beteiligten den relevanten Markt durch gemeinsame Wettbewerbsbeschränkung massgeblich beeinflussen oder massgeblich beeinflussen könnten (KG Art. 2). Der relevante Markt muss in jedem Einzelfall durch den Kartelljuristen gemeinsam mit dem Branchenfachmann durch sachliche (Ausweichmöglichkeiten auf Substitutionsprodukte), räumliche (räumlich begrenzte Ausweichmöglichkeiten; allenfalls Einbezug von Auslandsmärkten) und zeitliche Begrenzung (zeitlich befristete Ausweichmöglichkeiten; Marktentwicklungen) ermittelt werden. Ob schliesslich erheblicher Markteinfluss vorliegt, wird in der Praxis vom Kartelljuristen gemeinsam mit dem Branchenfachmann traditionellerweise anhand des sog. Marktstrukturtests (Teilnehmerzahl, deren Organisation und Veränderungen), Marktverhaltenstests (Wettbewerbsverhalten und dessen Ausmass) und Marktergebnistests (Versorgungsleistung, Preise und Qualität) ermittelt. Während bei Kartellen bereits die blosse Möglichkeit erheblicher Marktbeeinflussung für die Anwendung des KGs ausreicht, ist dies bei kartellähnlichen Organisationen umstritten.

[24] Eine kartellähnliche Organisation ist entweder eine (marktmächtige) Unternehmung, die den relevanten Markt erheblich beeinflusst, oder eine Gruppe von Unternehmen, die ihr Verhalten stillschweigend aufeinander abstimmen und dadurch den relevanten Markt erheblich beeinflussen (KG Art. 4). Zu den Begriffen "relevanter Markt" und "erhebliche Marktbeeinflussung" vgl. oben, FN 23.

[25] Pflicht des Lieferanten, im Vertragsgebiet ausschliesslich den Alleinvertreter mit den Vertragsprodukten oder -leistungen zu beliefern (ausschliessliche Lieferpflicht), und/oder Pflicht des Alleinvertreters, seinen Bedarf an Vertragsprodukten oder -leistungen im Vertragsgebiet ausschliesslich beim Lieferanten zu decken (ausschliessliche Bezugspflicht). Verpflichtet sich der Lieferant zusätzlich zur ausschliesslichen Lieferpflicht dazu, das Vertragsgebiet des Alleinvertreters vor Querlieferungen von Grossisten ausserhalb des Vertragsgebiets zu schützen, spricht man von Gebietsschutzklauseln. Verpflichtet er sich gar dazu, das Vertragsgebiet auch vor Querlieferungen von Detaillisten ausserhalb des Vertragsgebiets zu schützen, spricht man von absoluten Gebietsschutzklauseln.

sel(n)[26] in den Geltungsbereich des KG, und auch dies nur dann, wenn sie den *relevanten Markt erheblich beeinflussen*[27], z.B. dadurch, dass sie so oder ähnlich in den meisten Alleinvertriebsverträgen einer Branche vorkommen[28]. Die übrigen Klauseln von Alleinvertriebsverträgen ohne Beteiligung eines Kartells oder einer kartellähnlichen Organisation werden vom KG nicht erfasst, was insbesondere für die Zweithandklauseln (Preis- und/oder Konditionenbindungsklauseln der zweiten Hand[29]) bemerkenswert ist[30].

---

26   Pflicht des Alleinvertreters, die Vertragsprodukte oder -leistungen nur bzw. nicht in ein vorgegebenes Gebiet oder an vorgegebene Abnehmer oder Abnehmerkreise weiterzuverkaufen. Lässt sich der Lieferant gegenüber einem Alleinvertreter auf eine Gebietsschutzklausel verpflichten, wird er seinen Grossisten ausserhalb dieses Gebiets verbieten, es zu beliefern; bei absoluter Gebietsschutzklausel wird er sie zudem verpflichten, ihrerseits den Detaillisten zu verbieten, es zu beliefern. Bei Gebietsschutzklauseln zugunsten mehrerer Alleinvertreter wird deren Absicherung perfekt, wenn zudem jedem – bei absoluten Gebietsschutzklauseln auch den Detaillisten – verboten wird, aus dem Gebiet der andern zu beziehen.

27   KG Art. 5. Zu den Begriffen "relevanter Markt" und "erheblicher Markteinfluss" vgl. oben, FN 23. Bei den Ausschliesslichkeitsklauseln ist dabei der relevante Markt i.d.R. im Markt der verpflichteten Vertragspartei zu ermitteln, d.h. im Lieferantenmarkt bei ausschliesslicher Lieferpflicht und im Händlermarkt bei ausschliesslicher Bezugspflicht. Bei den Vertriebsbindungsklauseln ist der relevante Markt i.d.R. im Markt der davon betroffenen Dritten der nachgeordneten Marktstufe zu ermitteln, d.h. im Detaillistenmarkt.

28   Erst dann kann allenfalls einem gebundenen Lieferanten oder Alleinvertreter das Ausweichen auf Alternativpartner, bzw. einem Newcomer die Suche nach (noch ungebundenen) Partnern erheblich erschwert werden. Zu dieser Situation kann es kommen, weil entweder solche Klauseln in einer Branche (wie z.B. im Bierliefer-, Elektronikapparate- und Automobilmarkt, gewissen Ersatzteil- und Zuliefermärkten) allgemein üblich sind, oder (seltener), weil die meisten Grossisten eines Marktes durch wenige (nicht marktmächtige) Lieferanten als Alleinvertreter eingebunden werden. Gerade in einigen der genannten Branchen handelt es sich jedoch ohnehin um Alleinvertriebsverträge mit Kartellbeteiligung.

29   Pflicht des Alleinvertreters, sich beim Weiterverkauf der Vertragsprodukte oder -leistungen an vorgegebene Preise oder Preisrahmen und/oder an vorgegebene Lieferbedingungen (zumeist in Form Allgemeiner Verkaufsbedingungen) zu halten.

30   Der wettbewerbsrechtlichen Erfassung solcher Klauseln ist mit KG Art. 3 eine eigene Bestimmung gewidmet, obgleich man sich fragen könnte, ob sie sich bei Beteiligung eines Kartells oder einer kartellähnlichen Organisation nicht ohnehin aus KG Art. 2 bzw. KG Art. 4 ergäbe.

2.2 Im Geltungsbereich: Zulässigkeit als Regelfall

Das KG unterwirft Alleinvertriebsverträge "lediglich" einer kartell-rechtlichen *Missbrauchskontrolle*. Diese Kontrolle wird einerseits durch die schweizerische Kartellkommission als Verwaltungsbehörde und anderseits durch den Zivilrichter durchgeführt, wobei die Kartell-kommission *funktionierende Märkte* und der Zivilrichter *betroffene Unternehmer* vor Kartellmissbräuchen schützt; entsprechend dem unter-schiedlichen Schutzobjekt sind denn auch die Eingriffsvoraussetzungen für Kartellkommission und Zivilrichter verschieden.

Die *Kartellkommission* kann gegen Alleinvertriebsverträge einschrei-ten, wenn sich diese *volkswirtschaftlich oder sozial schädlich* auswirken. Dies ist allerdings erst dann der Fall, wenn sich *erhebliche* Wett-bewerbsbeschränkungen[31] nicht durch per Saldo positive Auswirkun-gen auf anderen Gebieten[32] *kompensieren*[33] lassen. Neben den hohen Eingriffshürden sorgt auch die knappe personelle Dotation der Kartell-kommission dafür, dass i.d.R. nur Missbräuche von zumindest über-regionaler Bedeutung aufgegriffen werden. Die meisten vom Geltungs-bereich des KG erfassten Alleinvertriebsverträge dürften somit von der

---

31   In der Praxis ermittelt die Kartellkommission anhand der in FN 23 erläuterten Markt-struktur-, Marktverhaltens- und Marktergebnistests, ob die für den Wettbewerb schäd-lichen Auswirkungen die für den Wettbewerb nützlichen Auswirkungen überwiegen (sog. "Saldomethode").

32   Auch für die Ermittlung der Auswirkungen auf Gebieten ausserhalb des eigentlichen Wettbewerbs gilt die sog. "Saldomethode", wonach die schädlichen gegen die nütz-lichen Auswirkungen zu saldieren sind. KG Art. 29 Abs. 2 zählt – nicht abschliessen-de – Beispiele solcher Auswirkungen auf: Auswirkungen auf Herstellungs- und Ver-triebskosten, Preise, Qualität, Versorgung, Struktur des Wirtschaftszweiges, Schutz wirtschaftlich bedrohter Landesteile, Konkurrenzfähigkeit schweizerischer Unterneh-men im In- und Ausland, Interessen der betroffenen Arbeitnehmer und Konsumenten; nicht ausdrücklich aufgezählt, aber gegebenenfalls ebenso zu berücksichtigen sind etwa gesundheits- und kulturpolitische Aspekte sowie der Umweltschutz.

33   Ausgleich genügt: Überkompensation ist nicht notwendig. Die gänzliche Beseitigung "wirksamen Wettbewerbs" ist indessen nur zulässig, wenn sie für das Gemeinwohl geradezu unerlässlich ist (KG Art. 29 Abs. 3). Der Begriff des "wirksamen Wettbe-werbs" ist allerdings im KG nicht definiert. Es dürfte etwa dann an wirksamem Wett-bewerb fehlen, wenn keine (quantitativ und qualitativ) ernstzunehmende Konkurrenz mehr vorhanden ist.

Kartellkommission *kaum je in einem Untersuchungsverfahren über-prüft werden.* Besonderes Augenmerk verdienen höchstens etwa die Verträge der Bierliefer-, Elektronikapparate-, Automobil- und (gewisser) Ersatzteil- und Zulieferbranchen.

Der *Kartellzivilrichter* kann gegen Alleinvertriebsverträge dann einschreiten, wenn der am Vertrag nicht selber beteiligte Kläger *erheblich und gezielt im Wettbewerb behindert*[34] wird und sich die Behinderung nicht durch ein *schutzwürdiges* Interesse rechtfertigen lässt[35]. Eine solche Klage wird allerdings kaum je erfolgversprechend sein. Die dem fraglichen Alleinvertriebsvertrag zugrundeliegende Vertriebsstruktur ist in aller Regel *betriebswirtschaftlich sinnvoll.* Die Behinderung des Klägers ist nicht gezielt, sondern eine zulässige Reflexwirkung; Erheblichkeits- und Rechtfertigungsprüfung erübrigen sich folglich.

Auch für den Alleinvertreter selber ist das Kartellrecht ein schlechtes Klagefundament: So entbindet das KG den Alleinvertreter *nur in Ausnahmefällen*[36] von der Einhaltung unliebsamer Vertragspflichten und *erleichtert ihm auch nicht den vorzeitigen Ausstieg*[37] aus dem Vertrag

---

34   KG Art. 6 spricht von "Vorkehren". Vorkehren sind Massnahmen, die darauf abzielen, einen bestimmten aktuellen oder potentiellen Wettbewerber zu diskriminieren (durch Boykotte, Preisunterbietungen, diskriminierende Geschäftsbedingungen, etc.) oder mehrere Wettbewerber gleichmässig in ihrer Tätigkeit zu beeinträchtigen (z.B. durch Koppelungsgeschäfte). Liegt eine Vorkehr vor, muss sie überdies den Betroffenen spürbar beeinträchtigen: Der bisherigen Bundesgerichtspraxis ist dazu die Faustregel zu entnehmen, dass Vorkehren die Betroffenen dann spürbar beeinträchtigen, wenn letztere dadurch zu unzumutbaren Ausweichmassnahmen gezwungen werden (BGE 112 II 276).

35   KG Art. 7; für die beispielhafte Aufzählung von Gründen, die, wenn sie das Gemeinwohl nicht verletzen, rechtfertigen können, vgl. KG Art. 7 Abs. 2, in: Anhang 2, S. 158 f.

36   KG Art. 16; Unzulässig sind danach übermässige Vertragsdauer, übermässig lange Kündigungsfristen und übermässige Verfallklauseln bei Vertragsbeendigung (Verfall von Depots, Einführungsentschädigungen, Werbebeiträgen etc.). Unklar ist allerdings nicht nur der Begriff des "Übermasses", sondern auch des Anwendungsbereichs dieser Bestimmung, d.h., ob alle vom KG erfassten Alleinvertriebsverträge oder nur solche mit oder ohne Kartellbeteiligung darunter fallen.

37   Die Lehre ist sich einig, dass KG Art. 15 nicht weiter geht als das allgemeine Vertragsrecht mit dem "wichtigen Grund" zur vorzeitigen Beendigung von Dauerschuldverhältnissen. Im Übrigen ist auch bei KG Art. 15 unklar, auf welche Alleinvertriebsverträge er anwendbar ist.

bzw. aus bestimmten Vertragsklauseln. Vertraglich vorgesehene *Beugemassnahmen* des Lieferanten (z.b. Lieferboykott, Rabattdifferenzierung, Durchsetzungspönalen, Abschneiden des Zugangs zu Konkurrenten, etc.) sind unter dem Vorbehalt der Verhältnismässigkeit *ausdrücklich erlaubt*[38], und vertraglich nicht vorgesehene Beugemassnahmen werden wie Drittbehinderungen behandelt und sind somit rechtfertigungsfähig.

Zusammenfassend ist also festzuhalten, dass das heutige schweizerische Kartellgesetz in bezug auf Alleinvertriebsverträge *liberal* ausgestaltet ist. Im Rahmen von Kartellvereinbarungen, bei marktmächtigen Unternehmen und bei regionenübergreifender Bündelung gleichlautender Vertriebsverträge empfiehlt es sich allerdings dennoch, auch Alleinvertriebsverträge mit rein inländischer Auswirkung unter kartell- bzw. monopolrechtlichen Aspekten zu prüfen.

2.3   Revision des schweizerischen Kartellgesetzes

Das liberale KG wurde im Rahmen einer Totalrevision überarbeitet und am 6. Oktober 1995 von den Räten als "Bundesgesetz über Kartelle und andere Wettbewerbsbeschränkungen" verabschiedet[39]. Sofern die am 15. Januar 1996 ablaufende Referendumsfrist unbenutzt abläuft, soll das rev. KG dem Vernehmen nach auf den 1. Juli 1996 in Kraft gesetzt werden. Ziel der Revision war die Schaffung von griffigeren gesetzlichen Bestimmungen, um – auch in institutioneller Hinsicht – effizient gegen schädliche Wettbewerbsbeschränkungen (insbesondere sogenannte harte Kartelle) vorgehen zu können. Für die zur Diskussion stehenden Alleinvertriebsverträge wären die nachfolgend beschriebenen Neuerungen von Bedeutung.

---

38   Vgl. KG Art. 17.
39   BBl 1995 I 516 ff.; Vgl. (auszugsweiser) Wortlaut des rev. KG in: Anhang 2, S. 160 ff.;
      vgl. auch Botschaft zu einem Bundesgesetz über Kartelle und andere Wettbewerbsbe-
      schränkungen vom 23. November 1994 (BBl, 1995, 468 ff.).

Im Gegensatz zum (heutigen) KG erfasst der *Geltungsbereich im rev. KG vorbehaltlos auch vertikale Wettbewerbsbeschränkungen – und damit auch Alleinvertriebsverträge.* Es kommt folglich nicht mehr darauf an, ob am Alleinvertriebsvertrag ein Kartell[40] bzw. dessen Mitglieder oder eine kartellähnliche Organisation[41] als Vertragsparteien beteiligt sind. Soweit sich aus den Klauseln des Alleinvertriebsvertrages eine *erhebliche Wettbewerbsbeeinträchtigung* ergibt, müssen diese Klauseln als unzulässig angesehen werden, soweit sie nicht aus *Gründen der wirtschaftlichen Effizienz* gerechtfertigt werden können[42]. Eine Rechtfertigung aus Gründen der wirtschaftlichen Effizienz ist nach dem rev. KG möglich, wenn die Abrede notwendig ist, um u.a. die Herstellungs- und Vertriebskosten zu senken[43].

Wie bereits dargestellt, handelt es sich bei Alleinvertriebsverträgen i.d.R. um betriebswirtschaftlich und volkswirtschaftlich effiziente Instrumente zur Erschliessung von neuen und zur intensivierten Bearbeitung von bestehenden Märkten. Es ist davon auszugehen, dass allfällige Wettbewerbsbeschränkungen auf der Handelsstufe durch wettbewerbsfördernde Impulse auf der Herstellerstufe (insbesondere durch Erleichterungen des Eintritts in neue Märkte) mehr als kompensiert werden. In Berücksichtigung dieser Ausgangslage geht das rev. KG auch davon aus, dass Alleinvertriebsverträge *grundsätzlich unter dem Gesichtspunkt der wirtschaftlichen Effizienz gerechtfertigt werden können.* Konsequenterweise sind Abreden über den ausschliesslichen Bezug oder Absatz von Waren oder Leistungen unter denjenigen Typen von Abreden aufgeführt, über welche die neue schweizerische Wettbewerbsbehörde eine

---

40   In der Terminologie des rev. KG vom 6. Oktober 1995 "Wettbewerbsabreden".
41   In der Terminologie des rev. KG vom 6. Oktober 1995 "marktbeherrschende Unternehmen".
42   Vgl. bundesrätlicher rev. KG Art. 5 Abs. 1 (BBl. 1995 I 517), in: Anhang 2, S. 161.
43   Vgl. bundesrätlicher rev. KG Art. 5 Abs. 2 (BBl. 1995 I 517), in: Anhang 2, S. 161.

Art "Gruppenfreistellungsverordnung"[44] erlassen kann[45]. In materieller Hinsicht dürfte folglich das rev. KG für Alleinvertriebsverträge im Vergleich zum geltenden Recht kaum Änderungen mit sich bringen. Durch seinen erweiterten und einfacher definierten Geltungsbereich könnte es einer zukünftigen schweizerischen *Wettbewerbsbehörde* jedoch *leichter fallen, ihr suspekt erscheinende Vertriebsysteme aufzugreifen und einer kartellrechtlichen Untersuchung zuzuführen.*

3 Alleinvertriebsverträge mit Auswirkung nicht nur in der Schweiz, sondern auch in EU-Mitgliedstaaten

Bei Alleinvertriebsverträgen, die sich nicht nur in der Schweiz, sondern auch im Ausland auswirken, ist stets auch das dort geltende Wettbewerbsrecht zu berücksichtigen, und zwar auch dann, wenn der Alleinvertriebsvertrag durch eine entsprechende Rechtswahlklausel ausdrücklich schweizerischem Recht unterstellt wird[46].

Dies gilt insbesondere für Alleinvertriebsverträge mit einer Partei bzw. mit Vertragsgebiet im Ausland. Aber auch Alleinvertriebsverträge mit schweizerischen Vertragsparteien und Vertragsgebiet in der Schweiz können (ausnahmsweise) Auslandwirkungen entfalten, wenn sie z.B. Exportverbote in EU-Mitgliedstaaten beinhalten.

---

44   Es handelt sich um Verordnungen oder allenfalls Bekanntmachungen der Wettbewerbskommission (vgl. rev. KG Art. 6 Abs. 1); im Hinblick auf das auch im rev. KG beibehaltene Missbrauchsprinzip im schweizerischen Kartellrecht ist der Terminus "Gruppenfreistellungsverordnung" rechtstechnisch nicht korrekt; er wird deshalb im Gesetzesentwurf auch nicht verwendet, denn wo kein Verbot besteht, kann auch nichts freigestellt werden.

45   Vgl. rev. KG Art. 6 Abs. 1 lit. c (BBl, 1995 I 518), in: Anhang 2, S. 162.

46   Kartell- und Monopolrecht ist i.d.R. zwingendes öffentliches Recht. Vertragliche Rechtswahlklauseln zugunsten eines milderen Wettbewerbsrechts bzw. Urteile ausländischer Gerichte, die das "ausgeschlossene" Wettbewerbsrecht nicht berücksichtigen, werden von den Richtern des "ausgeschlossenen" Landes in der Regel nicht vollstreckt.

Angesichts der überragenden Bedeutung der Handelsbeziehungen zwischen der Schweiz und der EU konzentrieren sich die folgenden Ausführungen auf Alleinvertriebsverträge mit Auslandauswirkung vorab in diesem Raum.

3.1. Anwendbarkeit des EG-Wettbewerbsrechts

Das EG-Wettbewerbsrecht[47] ist anwendbar auf

– *alle wettbewerbsbeschränkenden Bestimmungen eines Allein-vertriebsvertrages, die*

– *den Handel zwischen mindestens zwei EU-Mitgliedstaaten zu beeinträchtigen geeignet sind[48] (Zwischenstaatlichkeitskriterium), und dabei*

– *insgesamt den Wettbewerb innerhalb der EU spürbar gefährden könnten (Spürbarkeitskriterium).*

---

47   Art. 85 des Vertrags zur Gründung der Europäischen Gemeinschaft (EGV) samt umfangreichem Sekundärrecht. Die Wettbewerbsregeln des Vertrags über die Gründung der Europäischen Gemeinschaft für Kohle und Stahl (EGKS) werden im folgenden vernachlässigt. Dementsprechend ist nachfolgend spezifisch die Rede von "EG-Wettbewerbsrecht". Zum Wortlaut von EGV Art. 85 vgl. Anhang 2, S. 95.

48   Die seit 1966 in konstanter Praxis verwendete Standardformel stellt darauf ab, ob sich "mit hinreichender Wahrscheinlichkeit voraussehen lässt, dass [die Wettbewerbsbeschränkung] unmittelbar oder mittelbar, tatsächlich oder der Möglichkeit nach den Warenverkehr zwischen Mitgliedstaaten beeinflussen und dadurch der Errichtung eines einheitlichen Marktes hinderlich sein kann" (EuGH 13.7.1966, Slg. 1966, 322, 389). Die Beeinträchtigung des zwischenstaatlichen Handels muss *spürbar* sein; diese Spürbarkeit liegt aber (mit ganz wenigen Ausnahmen) regelmässig vor, wenn der Wettbewerb in einem wesentlichen Teil der EU (schon eine wichtige Region eines Mitgliedstaats kann genügen) spürbar beeinträchtigt ist. In der Praxis wird daher die Spürbarkeit der zwischenstaatlichen Handelsbeeinträchtigung nicht gesondert geprüft.

3.1.1 Erste Anwendbarkeitsvoraussetzung: Wettbewerbs-beschränkende Alleinvertriebsvertragsbestimmungen

Als wettbewerbsbeschränkend gelten im EG-Wettbewerbsrecht alle Vertragsbestimmungen, die in irgendeiner Weise und gleich auf welcher Marktstufe[49] Marktbedingungen zumindest verfälschen *könnten*[50]. Der nicht abschliessende Beispielskatalog[51] des EG-Wettbewerbsrechts nennt als wettbewerbsbeschränkend ausdrücklich:

– Vereinbarungen, die eine Vertragspartei in ihrer Gestaltungsfreiheit gegenüber Dritten auf vor- oder nachgeordneter Marktstufe[52] einschränken; oder

– Vereinbarungen über die Aufteilung bzw. Abschottung von Märkten[53]; oder

– Vereinbarungen über die Diskriminierung von Handelspartnern der Vertragsparteien (Preisdiskriminierung, Boykotte etc.)[54]; oder

– Verpflichtungen zu Koppelungsgeschäften[55].

3.1.2 Zweite Anwendbarkeitsvoraussetzung: Eignung zur Beeinträchtigung des zwischenstaatlichen Handels in der EU

Aufgrund einer äusserst extensiven EU-Praxis müssen heute vorsichtigerweise auch alle wettbewerbsbeschränkenden Verpflichtungen als "zur Beeinträchtigung des zwischenstaatlichen Handels in der EU geeignet" betrachtet werden,

---

49   Lieferanten-, Grossisten-, Detaillisten- oder Verbrauchermarkt.
50   Ergebnis der Auslegungspraxis zur Generalklausel von EGV Art. 85 Abs. 1: Auf die tatsächliche Wettbewerbsverfälschung kommt es nicht an. Ebensowenig kommt es für die Anwendbarkeitsfrage (im Gegensatz zur Frage der Freistellungsmöglichkeit vom Kartellverbot) darauf an, ob die Wettbewerbsbeschränkung die Marktverhältnisse aus der Sicht irgendeiner Marktstufe günstig oder ungünstig beeinflusst. Für den Wortlaut von EGV Art. 85 vgl. Anhang 2, S. 95.
51   EGV Art. 85 Abs. 1 lit. a)–e), wobei lit. b) für Alleinvertriebsverträge kaum Bedeutung hat. Für den Wortlaut vgl. Anhang 2, S. 95.
52   Art. 85 Abs. 1 lit. a) EGV sinngemäss; für den Wortlaut vgl. Anhang 2, S. 95.
53   Art. 85 Abs. 1 lit. c) EGV sinngemäss; für den Wortlaut vgl. Anhang 2, S. 95.
54   Art. 85 Abs. 1 lit. d) EGV sinngemäss; für den Wortlaut vgl. Anhang 2, S. 95.
55   Art. 85 Abs. 1 lit. e) EGV sinngemäss; für den Wortlaut vgl. Anhang 2, S. 95.

– die ein Schweizer Lieferant seinem EU-Alleinvertreter für den
  gesamten EU-Raum, für mehrere EU-Mitgliedstaaten oder auch nur
  für einen anderen EU-Mitgliedstaat als das Vertragsgebiet auferlegt;

– die ein Schweizer Lieferant seinem Schweizer Alleinvertreter für
  den gesamten EU-Raum oder für mehr als nur einen EU-Mitgliedstaat auferlegt (insbesondere etwa ein Verbot oder eine sonstige
  Beschränkung von Exporten in die EU);

– die ein EU-Lieferant seinem Schweizer Alleinvertreter für den
  gesamten EU-Raum oder für mehr als nur einen EU-Mitgliedstaat
  auferlegt (insbesondere etwa ein Verbot oder eine sonstige Beschränkung von Reexporten in die EU).

3.1.3   Dritte Anwendbarkeitsvoraussetzung: Spürbare Gefährdung des Wettbewerbes innerhalb der EU

Wettbewerbsbeschränkende Bestimmungen sind spürbar, wenn sie
zumindest eine wichtige Region innerhalb der EU (z.B. Süddeutsch-
land) erfassen[56] und die dortigen Wettbewerbsverhältnisse auf dem Markt
vergleichbarer Produkte[57] insgesamt mehr als nur geringfügig, d.h.
spürbar beeinträchtigen.

Verbindliche Spürbarkeitsschwellen gibt es dazu nicht, wohl aber von
der EU-Praxis entwickelte *Richtwerte*. Dabei ist der Gerichtshof der Europäischen Gemeinschaften (EuGH), dessen Rechtsprechung auch für die
Kartellzivilgerichte verbindlich ist[58], den von der Kommission als Kartellverwaltungsbehörde[59] entwickelten Umsatzrichtwerten nicht gefolgt:

---

56   Räumlich (oder geographisch) relevanter Markt.
57   Sachlich relevanter Markt. Dafür stellt die EU-Praxis auf die Austauschbarkeit von
     Produkten aus der Sicht der Marktgegenseite ab. Bei Alleinvertriebsverträgen für
     Markenprodukte können u.U. allein schon die Vertragsprodukte den sachlich relevanten
     Markt bilden (bei selektiven Vertriebssystemen ist dies häufig der Fall).
58   D.h. für die Gerichte, die "nur" auf Klage hin einzig über die Rechtsgültigkeit der
     untersuchten Beschränkungen befinden können.
59   D.h. als Behörde, die von sich aus einschreiten und nicht nur die Ungültigkeit der
     untersuchten Beschränkungen feststellen, sondern sie überdies sanktionieren kann.

Für die Kommission als Kartellverwaltungsbehörde sind wettbewerbs-beschränkende Bestimmungen allesamt *gemäss der sogenannten Bagatellbekanntmachung vom 3. September 1986 in der Fassung vom 23. Dezember 1994* regelmässig nicht spürbar

– wenn die Vertragsprodukte-Umsätze[60] (einschliesslich jener, die der Lieferant mit einem ganzen Netz gleichartiger Alleinvertriebs-verträge erzielt[61]), gegenüber den Umsätzen im relevanten Markt nicht mehr als 5 % ausmachen *und, kumulativ*

– wenn die Vertragsparteien sowie die von ihnen beherrschten und die sie beherrschenden Unternehmen[62] bzw., sofern ein Lieferant ein ganzes Netz gleichartiger Alleinvertriebsverträge unterhält, auch alle daran Beteiligten, zusammen nicht mehr als 300 Mio. ECU jähr-lichen Gesamtumsatz[63] erzielen, *und,*

– *wenn beide obigen Schwellenwerte in jedem von zwei aufeinander-folgenden Geschäftsjahren nicht um mehr als 10 % überschritten werden*[64].

---

60   Sollten die Vertragsparteien bzw. die von ihnen beherrschten oder die sie beherrschen-den Unternehmen ausserhalb des Alleinvertriebsvertrages auf dem relevanten Markt auch Umsätze mit Substitutionsprodukten tätigen, wären diese zu den Vertragsprodukte-Umsätzen zu addieren.

61   Sog. Bündeltheorie. Grundsätzlich immer spürbar sind solche "Bündel" dann, wenn sie mit anderen "Bündeln" aufgrund horizontaler Absprachen verknüpft sind (vgl. Ziff. 16 der Bagatellbekanntmachung, Anhang 2, S. 102).

62   Beherrschungskriterien sind alternativ ein über 50 %iger Kapital- oder Stimmrechts-anteil, die Möglichkeit, mehr als die Hälfte der Verwaltungsräte oder sonstiger Organe zu bestellen, oder das Recht der Geschäftsführung (vgl. Ziff. 9 der Bagatellbekannt-machung, Anhang 2, S. 100).

63   Gemeint ist dabei der Gesamtumsatz weltweit – und nicht etwa nur gemeinschaftsweit – mit allen Produkten und Dienstleistungen – und nicht etwa nur mit den Vertrags-produkten.

64   Die aufgeführten Kriterien ergeben sich aus der Bagatellbekanntmachung. Vgl. Wort-laut in Anhang 2, S. 97 ff. Sollte die Kommission, was zwar unwahrscheinlich, aber nicht völlig ausgeschlossen ist, einen "Bagatellfall" dennoch aufgreifen und eine Wett-bewerbsverletzung feststellen, dürfte sie wegen des aus der Bagatellbekanntmachung fliessenden Vertrauensschutzes jedenfalls keine Bussen auferlegen.

Der EuGH ist der Kommission nicht gefolgt und untersucht in jedem Einzelfall, ob, in Anbetracht der Marktpräsenz der Beteiligten, deren Grösse und/oder deren Anteil am gesamten betroffenen Exporthandel die wettbewerbsbeschränkenden Bestimmungen insgesamt die Marktverhältnisse auf dem relevanten Markt nur geringfügig beeinträchtigen oder nicht. Den bisherigen, allerdings *nur beschränkt verallgemeinerungsfähigen* Entscheiden lässt sich entnehmen, dass der EuGH wettbewerbsbeeinträchtigende Bestimmungen *tendenziell* dann als allesamt spürbar betrachtet, wenn die Vertragsprodukte-Umsätze gegenüber den Umsätzen im relevanten Markt[65] mehr als 5% ausmachen, und *tendenziell* nicht als spürbar betrachtet, wenn die Vertragsprodukte-Umsätze gegenüber den Umsätzen im relevanten Markt weniger als 1% ausmachen.

3.1.4 Zusammenfassung der Anwendbarkeitsvoraussetzungen

Auf alle zur Beeinträchtigung des EU-Binnenhandels geeigneten, wettbewerbsbeschränkenden Bestimmungen eines Alleinvertriebsvertrages wird das EG-Wettbewerbsrecht

— *vom Zivilrichter tendenziell nicht und von der Kommission regelmässig nicht angewandt*[66], wenn der Vertragsprodukte-Umsatz gegenüber den Umsätzen im relevanten Markt weniger als 1% ausmacht und die Beteiligten keine wirtschaftlich bedeutsame Grösse haben (Kommission: Zusammen nicht mehr als 300 Mio. Ecu weltweiter Gesamtumsatz bei Toleranz von +10% in zwei aufeinanderfolgenden Geschäftsjahren; Zivilrichter: Einzelfallprüfung);

— *vom Zivilrichter je nach Einzelfall und von der Kommission regelmässig nicht angewandt*, wenn der Vertragsprodukte-Umsatz gegenüber den Umsätzen im relevanten Markt mehr als 1% und weniger als 5% ausmacht und die Beteiligten keine wirtschaftlich bedeutsame Grösse haben (Kommission: Zusammen nicht mehr als 300 Mio. Ecu weltweiter Gesamtumsatz bei Toleranz von +10% in

---

65   Vgl. oben, FN 56 und 57.
66   Selbst absolute Gebietsschutzklauseln und rigorose Preisbindungsklauseln sind diesfalls unter dem EU-Wettbewerbsrecht unbedenklich.

zwei aufeinanderfolgenden Geschäftsjahren; Zivilrichter: Einzelfallprüfung);

– *vom Zivilrichter tendenziell angewandt,* wenn der Vertragsprodukte-Umsatz gegenüber den Umsätzen im relevanten Markt mehr als 5% ausmacht; und/oder wenn die Beteiligten einzeln oder zusammen eine wirtschaftlich bedeutende Grösse haben (Einzelfallprüfung).

– *von der Kommission regelmässig angewandt,* wenn in jedem von zwei aufeinanderfolgenden Geschäftsjahren der Vertragsprodukte-Umsatz gegenüber den Umsätzen im relevanten Markt mehr als 5,5% ausmacht und/oder wenn der Jahresgesamtumsatz der Vertragsparteien (einschliesslich des Jahresgesamtumsatzes der beherrschten und sie beherrschenden Unternehmen) in jedem von zwei aufeinanderfolgenden Geschäftsjahren 330 Mio ECU übersteigt.

3.2 Bei Anwendbarkeit des EG-Wettbewerbsrechts: Kartellverbot mit Ausnahmevorbehalt

3.2.1 Kartellverbot als Grundsatz

Das EG-Wettbewerbsrecht verbietet grundsätzlich alle wettbewerbsbeschränkenden Bestimmungen, auf die es anwendbar ist.

Dieses grundsätzliche Verbot steht allerdings unter einem *doppelten Ausnahmevorbehalt*:

3.2.2 Erster Ausnahmevorbehalt: Gruppenfreistellung vom Verbot

Wettbewerbsbeschränkende Alleinvertriebsvertrags-Bestimmungen sind unter der sog. Gruppenfreistellungsverordnung für Alleinvertriebsverträge (nachfolgend "VO 1983/83")[67] ohne weiteres (d.h. automatisch) vom grundsätzlichen Verbot freigestellt und damit EG-wettbewerbs-

---

67   Verordnung (EWG) Nr. 1983/83 der Kommission vom 22. Juni 1983; für den Wortlaut vgl. Anhang 2, S. 103 ff.

rechtlich unbedenklich[68], *wenn es sich nicht um andere als höchstens die folgenden Bestimmungen handelt und diese überdies nur während der Vertragsdauer Geltung beanspruchen*[69]*:*

---

68   Allerdings nicht in jedem Fall:
   – Vgl. dazu die Aufzählung in Art. 3 VO 1983/83 (Anhang 2, S. 108 f.), wonach u.a.
     wechselseitige Alleinvertriebsrechte zwischen Herstellern von Konkurrenzprodukten
     nicht gruppenfreigestellt sind bzw. nichtwechselseitige Alleinvertriebsrechte eines
     Konkurrenzherstellers nur gruppenfreigestellt sind, wenn eine Vertragspartei (ein-
     schliesslich der beherrschten und sie beherrschenden Unternehmen) weniger als 100
     Mio. ECU Jahresgesamtumsatz (mit sämtlichen Produkten und Dienstleistungen)
     erzielt (vgl. dazu insbesondere auch die Mitteilung der Kommission vom 18.12.1985,
     Anhang 2, S. 136).
   – Die VO 1983/83 setzt zudem voraus, dass dem Alleinvertreter ein Vertragsgebiet
     zugewiesen wird: Fehlt es an der Gebietszuweisung oder ist diese nicht ausschliess-
     lich (so etwa, wenn für ein Gebiet mehrere Vertriebshändler ernannt werden, selbst
     für je unterschiedliche Vertriebswege), ist Gruppenfreistellung nach VO 1983/83
     verwehrt.
   – Bei Alleinvertretern im Rahmen von OEM-Vereinbarungen ist die Anwendbarkeit
     der VO 1983/83 in jedem Einzelfall zu untersuchen, wobei massgebend ist, ob die
     Anbringung der Marke am OEM-Produkt durch den Alleinvertreter in der Wahr-
     nehmung der Verbraucher zu einem anderen Produkt führt (bejahendenfalls ist
     Anwendbarkeit der VO 1983/83 umstritten).
   – Die VO 1983/83 ist überdies nicht anwendbar auf Vertriebsverträge über den Weiter-
     verkauf von Getränken in Gaststätten und auf Vertriebsverträge über den Weiter-
     verkauf von Mineralölprodukten in Abfüllstationen. Bierlieferungs- und Tankstellen-
     verträge sind nach der Gruppenfreistellungsverordnung über Alleinbezugsverein-
     barungen, der Verordnung (EWG) 1984/83 zu beurteilen. Bei Vertriebs- und
     Kundendienstverträgen für Kraftfahrzeuge (ohne Motorräder) sind (anders als unter
     der VO 1983/83) auch zahlreiche Beschränkungen des Händlers beim Weiterver-
     kauf freigestellt, allerdings nur, sofern dem Händler weniger einschränkende Bezugs-
     pflichten auferlegt werden, als sie unter der VO 1983/83 (bzw. 1984/83) zulässig
     wären: Verordnung (EWG) 1475/95 (ABl. 1995 Nr. L 145, S. 25), anwendbar seit
     1. Oktober 1995 (in Ablösung der Verordnung (EWG) 123/85). Bei sog. Speziali-
     sierungsvereinbarungen, d.h. Vereinbarungen der Vertragspartner über die gemein-
     same Herstellung von Vertragsprodukten, erfolgt die Gruppenfreistellung auch all-
     fälliger Alleinvertriebsrechte, die einem Vertragspartner für die gemeinsam herge-
     stellten Vertragsprodukte eingeräumt werden, nach der Verordnung (EWG) 417/85
     (ABl. 1985 Nr. L 53, S. 1; geändert durch Verordnung (EWG) 151/93, ABl. 1993
     Nr. L 21, S. 8). Die Gruppenfreistellung von Alleinvertriebsrechten im Rahmen von
     Franchiseverträgen erfolgt primär nach der Verordnung (EWG) 4087/88 (ABl. 1988
     Nr. L 359, S. 46). Weitere Abgrenzungsprobleme können sich bei Kombination von
     Alleinvertriebsrechten mit Know-how-Transfers oder Patentlizenzen gegenüber der
     Verordnung (EWG) 556/89 (ABl. 1989 Nr. L 61, S. 1; geändert durch Verordnung

- Gruppenfreigestellte Bestimmungen zu Lasten des Lieferanten:

  - Die Verpflichtung, die Vertragsprodukte im Vertragsgebiet nur an den Alleinvertreter und nicht an andere Händler (auf gleicher und/oder unterer Marktstufe) zu liefern[70];

  - Die Verpflichtung, die Vertragsprodukte im Vertragsgebiet nicht direkt an Verbraucher zu liefern (sog. Sprunglieferungsverbot[71]);

  - Die Verpflichtung, sich im Vertragsgebiet aktiver Verkaufspolitik für die Vertragsprodukte zu enthalten.

- Gruppenfreigestellte Bestimmungen zu Lasten des Alleinvertreters:

  - Die Verpflichtung, keine die Vertragsprodukte konkurrierenden Produkte herzustellen oder zu vertreiben;

  - Die Verpflichtung, Vertragsprodukte für den Weiterverkauf nur vom Lieferanten zu beziehen (Alleinbezugspflicht[72]);

(EWG) 151/93, ABl. 1993 Nr. L 21, S. 8) bzw. der Verordnung (EWG) 2349/84 (ABl. 1984 Nr. L 219, S. 15; geändert durch die Verordnungen (EWG) 151/93, ABl. 1993 Nr. L 21, S. 8, und 2131/95, ABl. 1995 Nr. L 211, S. 43) ergeben. Die Know-how- und die Patentlizenzverordnung werden voraussichtlich 1996 in eine kombinierte Gruppenfreistellungsverordnung überführt [Entwurf in ABl. 1994 Nr. L 313, S. 6]).

69   Die nachfolgende Aufstellung gibt nicht den Wortlaut der VO 1983/83 wieder (dazu vgl. Anhang 2, S. 103 ff.), sondern eine Zusammenfassung der wichtigsten Ergebnisse der EU-Auslegungspraxis, unter Berücksichtigung der (allerdings nur für die Kommission als Kartellverwaltungsbehörde, nicht aber für die Kartellzivilgerichte verbindlichen) Bekanntmachung der Kommission zu den Verordnungen (EWG) Nr. 1983/83 und 1984/83 (vgl. unten, Anhang 2, S. 112 ff.).

70   Diese Verpflichtung ist gleichzeitig auch eine der Anwendbarkeitsvoraussetzungen der VO 1983/83: Die Gruppenfreistellungsmöglichkeit nach VO 1983/83 entfällt, wenn der Lieferant berechtigt ist, andere Händler als den Alleinvertreter zu beliefern.

71   Diese Verpflichtung ist keine Anwendbarkeitsvoraussetzung der VO 1983/83: Der Gruppenfreistellungsmöglichkeit steht das Recht des Lieferanten, Verbraucher direkt zu beliefern, nicht entgegen, es sei denn, der Lieferant behalte sich das Recht vor, die wichtigsten Grosskunden selber zu beliefern.

72   Alleinbezugsrechte, die in Alleinvertriebsverträgen enthalten sind, auf die die VO 1983/83 anwendbar ist (vgl. dazu oben, FN 68), werden ausschliesslich nach der VO 1983/83 gruppenfreigestellt: Die VO 1984/83 über Alleinbezugsvereinbarungen ist diesfalls nicht anwendbar, was v.a. bedeutet, dass in zeitlich unbefristeten oder auf länger als 5 Jahre befristeten Alleinvertriebsverträgen enthaltene Alleinbezugsrechte unter der VO 1983/83 freigestellt werden können.

– Die Verpflichtung, ausserhalb des Vertragsgebiets für die Vertragsprodukte keine Kunden (auch nicht durch Agenten oder sonstige Absatzmittler) zu werben, keine Niederlassungen einzurichten und keine Auslieferungslager zu unterhalten;

– Die Verpflichtung, dem Lieferanten Exporte von Vertragsprodukten in Gebiete ausserhalb des Vertragsgebiets zu melden, sofern mit einer solchen Meldepflicht keinerlei Nachteile für den Alleinvertreter verbunden sind;

– Die Verpflichtung, vollständige Sortimente und/oder Mindestmengen der Vertragsprodukte abzunehmen;

– Die Verpflichtung, Vertragsprodukte unter den Marken oder in der Ausstattung zu vertreiben, die der Lieferant vorschreibt;

– Die Verpflichtung, vertriebsfördernde Massnahmen zu ergreifen, insbesondere (aber nicht nur) Werbung zu treiben, ein Lager zu unterhalten, einen Kundendienst zu unterhalten, Garantieleistungen zu erbringen, fachlich oder technisch geschultes Personal zu verwenden;

– Die Verpflichtung, ein Verkaufsnetz zu unterhalten, wobei allfällige Zugangsbeschränkungen nur aufgrund sachlicher Kriterien qualitativer Art (fachliche Qualifikation, Ausstattung der Verkaufsräumlichkeiten etc.) und nicht aufgrund quantitativer Kriterien erfolgen dürfen, und zwar stets nur in gleichmässiger, nicht diskriminierender Anwendung (einfache Fachhandelsbindung).

Enthält ein Alleinvertriebsvertrag neben den erwähnten, grundsätzlich freigestellten Bestimmungen auch nur *eine einzige* darüber hinausgehende wettbewerbsbeschränkende Klausel, auf die das EG-Wettbewerbsrecht auch anwendbar ist, so verlieren *alle zusammen* den Vorteil der Gruppenfreistellung[73] und sind damit *alle* wieder grundsätz-

---

73 Nach der VO 1983/83; dieses "Alles-oder-Nichts" – Prinzip ist in der Lehre auf zunehmende Kritik gestossen. Zu beachten ist überdies, dass andere Gruppenfreistellungsverordnungen (vgl. dazu oben, FN 68, Einzug 4) die Voraussetzungen und Folgen des Freistellungsverlustes anders regeln können.

lich verboten. Dies ist insbesondere bei folgenden Bestimmungen der Fall[74]:

– Vereinbarung, dass der Lieferant *alle* Vertragsprodukte, die zum Weiterverkauf im Vertragsgebiet bestimmt sind, nur an den Alleinvertreter liefern darf[75];

– Vereinbarung, die den Lieferanten in der eigenverantwortlichen Gestaltung der Geschäftsbeziehungen zu seinen Zulieferern beschränkt, so etwa durch Festlegung oder Empfehlung von Einkaufspreisen oder -konditionen;

– Vereinbarung, mit der Gebietsschutz begründet wird, so etwa dadurch, dass sich der Lieferant verpflichtet,

  – seinen Händlern ausserhalb des Vertragsgebiets zu verbieten, Vertragsprodukte in das Vertragsgebiet zu exportieren (Gebietsschutzklausel[76]);

  – seine Händler ausserhalb des Vertragsgebiets zu verpflichten, den ihnen nachgeordneten Händlern zu verbieten, Vertragsprodukte in das Vertragsgebiet zu exportieren (absolute Gebietsschutzklausel[77]);

– Vereinbarung, die den Alleinvertreter verpflichtet,

  – für irgendeine Zeit nach der Vertragsauflösung konkurrenzierende Tätigkeiten zu unterlassen;

---

74 In Zusammenfassung der wichtigsten Ergebnisse der EG-Auslegungspraxis, unter Berücksichtigung der (allerdings nur für die Kommission als Kartellverwaltungsbehörde, nicht aber für die Kartellzivilgerichte verbindlichen) Bekanntmachung der Kommission zu den Verordnungen (EWG) Nr. 1983/83 und 1984/83 (vgl. Anhang 2, S. 112 ff.).

75 Zumindest nach der Bekanntmachung der Kommission zu den Verordnungen (EWG) Nr. 1983/83 und 1984/83 (für den Wortlaut vgl. Anhang 2, S. 112 ff.) ist eine solche Klausel nicht gruppenfreistellungsfähig, da die ausschliessliche Belieferungspflicht des Lieferanten dessen Recht nicht ausschliessen darf, andere Händler in- und ausserhalb des Vertragsgebietes *auf Anfrage* hin zu beliefern, wenn die Übergabe der Ware ausserhalb des Vertragsgebietes erfolgt und Transportkosten und -risiko in das Vertragsgebiet nicht vom Lieferanten getragen werden.

76 Für den Begriff vgl. oben, S. 19 f. sowie FN 26.

77 Für den Begriff vgl. oben, S. 19 f. sowie FN 26.

– während der Vertragsdauer und/oder danach generell jede anderweitige Betätigung (als die vertragliche) zu unterlassen;

– während der Vertragsdauer und/oder danach andere Vertretungen (also auch solche für nicht konkurrenzierende Produkte) generell nicht oder nur mit Zustimmung des Lieferanten zu übernehmen;

– Vereinbarungen, die den Alleinvertreter in der eigenverantwortlichen Gestaltung seiner Geschäftsbeziehungen zu Dritten beschränken[78], also etwa durch Festlegung oder Empfehlung von Weiterverkaufspreisen und -konditionen (Preis- und Konditionenbindungen der zweiten Hand);

– Vereinbarungen, mit denen Gebietsschutz[79] und/oder gewisse Vertriebsbindungen[80] begründet werden, so etwa dadurch, dass sich der Alleinvertreter verpflichtet,

– Vertragsprodukte nicht in Gebiete ausserhalb des Vertragsgebiets zu exportieren;

– Vertragsprodukte nicht an andere Händler derselben Marktstufe zu verkaufen (Querlieferungsverbot);

– Vertragsprodukte nicht direkt an Verbraucher (statt an die Händler der nächstunteren Marktstufe) weiterzuverkaufen (Sprungslieferungsverbot);

– seinen Händlern für deren Weiterverkauf Preis- oder Konditionenbindungen der Zweiten Hand, Exportverbote oder Querlieferungsverbote aufzuerlegen;

---

78 Für Vertriebs- und Kundendienstverträge für Kraftfahrzeuge (ohne Motorräder) sind gewisse Weiterverkaufsbeschränkungen unter einer eigenen Gruppenfreistellungsverordnung möglich (vgl. dazu oben, FN 68, Einzug 4).

79 Für den Begriff vgl. oben, S. 19 f. sowie FN 26.

80 Für den Begriff vgl. oben, S. 19 f. sowie FN 26.

- bei Exporten in Gebiete ausserhalb des Vertragsgebietes Ausgleichszahlungen zu leisten[81];

- an parallel importierten Vertragsprodukten keine oder nur nach Belieben Garantie- oder Wartungsleistungen zu erbringen[82];

3.2.3 Zweiter Ausnahmevorbehalt: Einzelfreistellung vom Verbot/Negativattest/Comfort Letters

Sind wettbewerbsbeschränkende Bestimmungen von Alleinvertriebsverträgen nicht *allesamt* unter der VO 1983/83 freigestellt, so sind sie – vorbehältlich der Freistellungsmöglichkeit unter einer anderen Gruppenfreistellungsverordnung – *allesamt* grundsätzlich, d.h. wiederum unter Ausnahmevorbehalt, verboten:

Für solche Alleinvertriebsverträge besteht aber stets die Möglichkeit, bei der Kommission eine Einzelfreistellung zu beantragen, was regelmässig den Nachweis voraussetzt, dass die angemeldeten wettbewerbsbeschränkenden Verpflichtungen die Warenerzeugung oder -verteilung oder den technischen oder wirtschaftlichen Fortschritt fördern, dass sie nicht über das dafür notwendige wettbewerbsbeschränkende Mass hinausgehen, dass überdies der wirksame Wettbewerb im relevanten Markt nicht ausgeschlossen wird und dass schliesslich den Verbrauchern daraus Vorteile erwachsen[83].

---

81   I.d.R. zulässig ist aber eine Verpflichtung des Lieferanten, den Alleinvertreter für Importe in das Vertragsgebiet zu entschädigen, sofern die Entschädigung nicht (dem exportierenden Händler) weiterbelastet wird.

82   I.d.R. zulässig ist es aber, exportierende Händler zu verpflichten, dem Alleinvertreter gegen Kostennachweis die Kosten der auf den in sein Gebiet importierten Vertragsprodukten geleisteten Garantie- und Serviceleistungen zu ersetzen. Vor allem im Massengeschäft sind i.d.R. auch Pauschalentschädigungen zulässig, sofern die Pauschale nicht über die durchschnittlichen Unkosten für solche Leistungen hinausgeht (sog. Übergrenzprovisionen).

83   EGV Art. 85 Abs. 3; für den Wortlaut vgl. Anhang 2, S. 95.

Einzelfreistellungen sind regelmässig befristet, aber verlängerbar, können mit Auflagen und Bedingungen versehen werden und stehen unter (beschränktem) Widerrufsvorbehalt. Die förmlichen Freistellungsentscheide der Kommission sind auch für die Kartellzivilgerichte verbindlich.

Alleinvertriebsverträge erweisen sich i.d.R. als einzelfreistellungsfähig, sofern sie keinen Gebietsschutz bezwecken. Dies gilt auch für selektive Vertriebssysteme, sofern den Händlern Querlieferungen nur an systemexterne, nicht aber an systeminterne Händler verboten werden und die übrigen Wettbewerbsbeschränkungen nicht über das zur Qualitätsdurchsetzung Notwendige hinausgehen.

Formelle Voraussetzung der Einzelfreistellung ist die Anmeldung des entsprechenden Alleinvertriebsvertrages mittels des dafür geschaffenen "Anmeldeformblatts A/B" bei der Kommission[84]. Die Einhaltung dieser Formalität ist wichtig, weil dem Freistellungsentscheid Rückwirkung regelmässig nur auf das Anmeldedatum verliehen werden kann. Wird daher ein Alleinvertriebsvertrag früher in Kraft gesetzt als angemeldet, so sind seine wettbewerbsbeschränkenden Bestimmungen für die Zeit vor der Anmeldung unheilbar[85] nichtig[86] und – zumindest theoretisch – bussengefährdet[87].

---

84 Zu alledem vgl. die Verordnung Nr. 17 des Rates vom 6. Februar 1962 (ABl. 1962 Nr. 13, S. 204) mit seitherigen Änderungen sowie die entsprechenden Ausführungsverordnungen.

85 Zu beachten ist, dass die angemeldeten wettbewerbsbeschränkenden Bestimmungen trotz der Anmeldung bis zur Heilung durch den Freistellungsentscheid zivilrechtlich schwebend unwirksam und somit solange gerichtlich undurchsetzbar sind; dennoch bleiben aber die beteiligten Unternehmen während dieser Zeit an diese Bestimmungen gebunden (was allenfalls durch vorsorgliche Massnahmen durchgesetzt werden kann). Die gegenseitigen vertraglichen Erfüllungsansprüche entfallen erst mit der Verweigerung der Freistellung bzw. werden mit der Gewährung der Freistellung geheilt, d.h. zivilrechtlich durchsetzbar.

86 EGV Art. 85 Abs. 2; für den Wortlaut vgl. Anhang 2, S. 95. Ob die Nichtigkeit der wettbewerbsrechtswidrigen Vertragsbestimmungen den Vertrag im übrigen unberührt lässt oder insgesamt nichtig macht, ist eine Frage des anwendbaren nationalen Rechts.

87 Dazu unten B) Ziff. 3.2.4, S. 60.

Mit der Anmeldung kann statt der Einzelfreistellung auch bloss ein *Negativattest* beantragt werden, d.h. eine förmliche Unbedenklichkeitserklärung, die ohne Ermittlungsverfahren, nur aufgrund der Sachverhaltsdarstellung des Antragstellers ergeht[88]. Mit einem Negativattest erlässt die Kommission keine Freistellungsentscheidung, sondern stellt fest, dass gar kein Verstoss gegen die Wettbewerbsvorschriften des EG-Vertrages vorliegt. Negativatteste sind in der Praxis allerdings seltener geworden.

Die Kommission erledigt heute vor allem aus Personalgründen praktisch alle Anmeldungen von Alleinvertriebsverträgen mit sog. *"comfort letters" oder "Verwaltungsschreiben"*, mit denen sie mitteilt, dass sie entweder (etwa mangels Spürbarkeit oder zufolge Konformität mit einer Gruppenfreistellungsverordnung) keinen Anlass zum Einschreiten erblicke oder den angemeldeten Vertrag für freistellungsfähig halte und damit das Verfahren einstelle. *Förmliche Einzelfreistellungsentscheide werden auf dem Gebiet der Alleinvertriebsverträge nur noch bei bedeutsamen selektiven Vertriebssystemen getroffen.*

Negativatteste und Verwaltungsschreiben/comfort letters haben allerdings gegenüber förmlichen Freistellungsentscheiden den Nachteil, dass sie nur die Kommission, nicht aber die Kartellzivilgerichte binden[89]. Da aber die Kartellzivilgerichte Einzelfreistellungen nicht selber vornehmen dürfen, sind sie auf einen förmlichen Einzelfreistellungsentscheid der Kommission angewiesen[90].

---

88 VO Nr. 17 des Rates vom 6. Februar 1962, Art. 2 (Fundstelle in FN 84).
89 Und auch dies nur unter Vorbehalt der Richtigkeit und Fortdauer des der Kommission mitgeteilten Sachverhalts.
90 Aus diesem Grund holt die Kommission vor Erledigung durch Verwaltungsschreiben/ comfort letter öfters das Einverständnis der Antragsteller zu dieser Erledigungsart ein; in der Lehre wird denn auch die (noch nicht gefestigte) Ansicht vertreten, dass der Antragsteller einen *Rechtsanspruch* auf Erlass eines auch die Zivilgerichte bindenden Freistellungsentscheids habe.

Beruft sich daher ein Vertragspartner nach ergangenem positiven Verwaltungsschreiben/comfort letter trotzdem darauf, der Vertrag verstosse gegen das EG-Wettbewerbsrecht und sei daher ganz oder teilweise nichtig, so wird die Kommission einen förmlichen, auf den Tag der Anmeldung zurückwirkenden Freistellungsentscheid nachholen müssen, was sie allerdings nur tun wird, wenn sich der ihr damals mitgeteilte Sachverhalt zwischenzeitlich nicht wesentlich verändert hat.

3.2.4 Sanktionen bei Zuwiderhandlungen gegen das Kartellverbot

Sofern (und nur wenn) die Kommission die Verletzung des Kartellverbots mit förmlicher Entscheidung feststellt, kann sie gleichzeitig *Massnahmen zur "Abstellung"* des wettbewerbsrechtswidrigen Verhaltens verfügen, und zwar sowohl als Verbot künftiger Verletzungshandlungen, als auch als Verpflichtung zu Leistungen, die in der Vergangenheit wettbewerbsrechtswidrig unterblieben. Neben *Bussgeldern*[91] kann die Kommission überdies *Zwangsgelder*[92] für jeden Tag des Verzugs der Befolgung ihrer Abstellungsanordnungen verfügen.

Ordnungsbussen spielen allerdings bei Alleinvertriebsverträgen ausserhalb selektiver Vertriebssysteme kaum eine Rolle. Die weitaus gravierendste Folge der EG-Wettbewerbsrechtswidrigkeit ist für Alleinvertriebsverträge der Umstand, dass sie (zumindest) im Umfang der

---

91　Auch wenn Bussgelder für Alleinvertriebsverträge ausserhalb von selektiven Vertriebssystemen bisher nicht sehr häufig waren, bleibt dennoch auf den eindrücklichen Bussenrahmen hinzuweisen: Obwohl diesen Bussen kein Strafcharakter zukommt, reicht der Bussenrahmen (in Abhängigkeit vom Verschulden, der Schwere und Dauer der Wettbewerbsrechtswidrigkeit) von ECU 1 000.– bis 1 Mio., oder, darüber hinaus, bis zu 10 % des Vorjahresumsatzes des Verletzers, wobei die Kommission auf den Weltumsatz des verletzenden Unternehmens mit sämtlichen Produkten und Dienstleistungen abstellen kann. Die Kommission hat – für Kartellabsprachen ausserhalb von Alleinvertriebsverträgen – in den letzten Jahren mehrmals Bussen in z.T. zweistelliger Millionenhöhe (ECU) verfügt.

92　VO Nr. 17 des Rates vom 6. Februar 1962, Art. 16; der Zwangsgeldrahmen liegt zwischen ECU 50.– bis ECU 1 000.– pro Verzugstag.

wettbewerbsrechtswidrigen Bestimmungen *zivilrechtlich nichtig*[93], *d.h. gegenüber dem Vertragspartner nicht durchsetzbar sind.*

3.3 Anwendbarkeit nationaler Wettbewerbsrechte von EU-Mitgliedstaaten

Ist das EG-Wettbewerbsrecht anwendbar, schliesst es die parallele Anwendbarkeit eines nationalen Wettbewerbsrechts auf denselben Alleinvertriebsvertrag nicht aus, geht ihm aber vor. Ein nach EG-Wettbewerbsrecht gruppen- oder einzelfreigestellter[94] Alleinvertriebs-vertrag kann somit in der EU nicht nach einem nationalen Wettbewerbsrechts sanktioniert werden. Ein EG-wettbewerbsrechtswidriger Alleinvertriebsvertrag kann zwar parallel zu den Sanktionen der Kommission auch von einer nationalen Kartellbehörde nach nationalem Wettbewerbsrecht sanktioniert werden; die Geldbussen müssen aber gegenseitig angerechnet werden.

Alleinvertriebsverträge unterstehen allerdings in den wichtigsten EU-Mitgliedstaaten lediglich einer (kaum praxisrelevanten) Missbrauchs-aufsicht. Dies trifft insbesondere für Deutschland, Frankreich, Italien und England zu, die – mit Ausnahme von England – im übrigen für Kartellabsprachen ausserhalb von Alleinvertriebsverträgen eine strenge nationale Verbotsgesetzgebung nach EG-Muster haben.

---

93 Vgl. EGV Art. 85 Abs. 2; für den Wortlaut vgl. Anhang 2, S. 95.
94 Voraussetzung ist ein förmlicher Freistellungsentscheid. Erlässt die Kommission bloss Negativatteste oder Verwaltungsschreiben/comfort letters, sind die nationalen Kartell-behörden daran nicht gebunden und können den Alleinvertriebsvertrag nach ihrem nationalem Wettbewerbsrecht sanktionieren.

3.4   Zusammenfassung

Die Anwendbarkeit des EG-Wettbewerbsrechts auf wettbewerbsbeschränkende Alleinvertriebsvertragsbestimmungen hängt davon ab,
ob sie insgesamt in der EU spürbar sind, d.h. ob sie insgesamt im relevanten Markt die Spürbarkeitsschwellen des EG-Wettbewerbsrechts
erreichen oder nicht. Fehlt es an der Spürbarkeit, ist das EG-Wettbewerbsrecht nicht anwendbar; anwendbar sind diesfalls höchstens die
für Alleinvertriebsverträge allerdings kaum praxisrelevanten nationalen
Wettbewerbsrechtsordnungen.

Liegt Spürbarkeit vor, ist zu untersuchen, ob der Vertrag gruppenfreigestellt ist, wobei für "gewöhnliche" Alleinvertriebsverträge die Gruppenfreistellungsverordnung (EWG) 1983/83 im Vordergrund steht. Ist der
Vertrag nicht gruppenfreigestellt, ist er der Kommission zur Einzelfreistellung anzumelden. Während bedeutsame selektive Vertriebssysteme mit einem förmlichen Freistellungsentscheid rechnen können,
dürften andere Alleinvertriebsverträge i.d.R. informell, d.h. mit Ver-
waltungsschreiben/comfort letters erledigt werden. In solchen Fällen
muss die Kommission im Falle einer späteren Kartellzivilrechtsstreitig-
keit um Nachholung des förmlichen Freistellungsentscheides mit Rückwirkung auf den Anmeldungstag ersucht werden.

Schliesslich wirft die Anwendbarkeit des EG-Wettbewerbsrechts auf
einen Alleinvertriebsvertrag stets die Frage nach Absatzalternativen auf,
wobei der Absatz über Tochtergesellschaften und Agenten bzw. Handelsvertreter (auf die das EG-Wettbewerbsrecht i.d.R. keine Anwendung findet) im Vordergrund steht. Innerhalb der EU ist denn auch eine
entsprechende Tendenz zugunsten dieser alternativen Vertriebsformen
festzustellen.

4. EWR-Wettbewerbsrecht

4.1 Grundsatz: EWR-Wettbewerbsrecht = EG-Wettbewerbsrecht

Der Beitritt Österreichs, Schwedens und Finnlands zur Europäischen Union auf den 1. Januar 1995 hat eine Marginalisierung des EWR-Rechts bewirkt. Spezifisch EWR-rechtliche Regelungen bestehen nur noch im Verhältnis zwischen Norwegen, Island und dem Fürstentum Liechtenstein. Für diese restlichen EWR-Staaten gilt das auf den 1. Januar 1994 in Kraft getretene EWR-Recht (EWR-A). Für den Bereich des Wettbewerbsrechts sieht das EWR-Abkommen die Übernahme des gesamten bisherigen EG-Wettbewerbsrechts samt Praxis des EuGH vor[95]. Trotz fehlender Rechtspflicht ist die Übernahme der späteren EG-Rechtsentwicklung in der Praxis nicht in Frage gestellt[96].

---

[95] Die Rechtsübernahme erfolgt im wesentlichen dadurch, dass einerseits Art. 53 bzw. 54 EWR-A wörtlich Art. 85 bzw. 86 EGV entsprechen (vgl. Anhang 2, S. 150 f. und 95 f.) und andererseits das gesamte Sekundärrecht, d.h. insbesondere alle Gruppenfreistellungsverordnungen durch Kaskadenverweis übernommen wurden (Art. 60 EWR-A verweist auf Anhang XIV, welcher seinerseits die Rechtsübernahme durch Einzelverweis auf die Fundstellen im Amtsblatt der EU bewältigt).

[96] Im wettbewerbsrechtlichen Bereich wird die künftige EG-Rechtsentwicklung vor allem die Revision bestehender und den Erlass neuer Gruppenfreistellungsverordnungen betreffen. Der Übernahme solcher EG-Erlasse in das EWR-A wird weder im EWR-Ausschuss als der für die Übernahme zuständigen EWR-Behörde, noch in betreffenden EWR-Staat (wo der Übernahmebeschluss des EWR-Ausschusses durch die zuständigen Organe ratifiziert werden muss) Opposition erwachsen. Im übrigen macht das EWR-A eine nur von einem einzelnen EWR-Staat getragene Opposition gegen die Übernahme künftiger EG-Rechtsentwicklungen politisch "unmöglich", weil die Nichtratifikation eines Übernahmebeschlusses zur Folge hätte, dass das betroffene "alte" Recht *für alle EWR-Staaten* ausser Kraft treten würde (Art. 102 Abs. 5 EWR-A). Das EWR-A ist zudem so ausgestaltet, dass auch die künftige EG-Wettbewerbspraxis der Kommission und des EuGH die Auslegung des EWR-Wettbewerbsrechts dominieren muss (EWR-A, 2.letzter Präambelabsatz; Art. 58, 105 und 106, Protokolle 23 und 24; Abkommen zwischen den EFTA-Staaten zur Errichtung einer Überwachungsbehörde und eines Gerichtshofes).

4.2   Anwendbarkeit des EWR-Wettbewerbsrechts

Das EWR-Wettbewerbsrecht[97] ist nach dem Gesagten mit seinem Inkrafttreten anwendbar auf

- *alle im Sinne der EG-Auslegungspraxis wettbewerbsbeschränkenden Bestimmungen eines Alleinvertriebsvertrages, die*

- *den Handel zwischen mindestens zwei EWR-Mitgliedstaaten im Sinne der EG-Auslegungspraxis zu beeinträchtigen geeignet sind (Zwischenstaatlichkeitskriterium), und dabei*

- *insgesamt den Wettbewerb innerhalb des EWR im Sinne der EG-Auslegungspraxis spürbar gefährden könnten (Spürbarkeitskriterium).*

Für alle drei Anwendbarkeitsvoraussetzungen gilt demnach die EG-Auslegungspraxis *analog* (vgl. die Ausführungen unter B) Ziff. 3.1.1–3.1.4, S. 47 ff. oben).

Obwohl die Schweiz dem EWR-A nicht beigetreten ist, bleibt das EWR-Wettbewerbsrecht für die Schweiz dennoch relevant: Es kommt im Verhältnis "Schweiz/EWR-Staaten"[98] zur Anwendung, wenn der zwischenstaatliche Handel zwischen mindestens zwei EWR-Staaten bzw. zwischen einem EWR-Staat und einem EU-Staat analog B) Ziff. 3.1.2 (vgl. oben, S. 47 f.) beeinträchtigt ist und gleichzeitig Spürbarkeit analog B) Ziff. 3.1.3 (vgl. oben, S. 48 f.) vorliegt.

4.3   Inhalt und Institutionen des EWR-Wettbewerbsrechts

Da das materielle EWR-Wettbewerbsrecht nichts anderes als materielles EG-Wettbewerbsrecht ist (vgl. oben B) Ziff. 4.1, S. 63), kann auf die dazu bereits gemachten Ausführungen (vgl. oben B) Ziff. 3.2 und

---

97   Art. 53 EWR-A samt umfangreichem Sekundärrecht. Vgl. dazu oben, FN. 95.
98   Hat ein Alleinvertriebsvertrag lediglich Auswirkungen im Verhältnis Schweiz/EU-Mitgliedstaat(en), findet darauf nur das EG-Wettbewerbsrecht Anwendung (ungeachtet der EWR-Mitgliedschaft der EU-Mitgliedstaaten).

3.3, S. 51 ff.) verwiesen werden. EWR-Besonderheiten ergeben sich lediglich in bezug auf die zur Durchsetzung des EWR-Wettbewerbsrechts zuständigen Institutionen.

a) **Verwaltungsbehörden**

In die Ausübung der EWR-kartellverwaltungsrechtlichen Befugnisse, die exakt den entsprechenden EU-rechtlichen Befugnissen entsprechen[99], teilen sich die EG-Kommission und ihr neu geschaffenes EFTA-Pendant, die EFTA-Überwachungsbehörde "ESA"[100]. Dabei ist stets die Kommission zuständig, wenn der EG-Binnenhandel (auch) beeinträchtigt wird *und* die Spürbarkeitskriterien der Bagatellbekanntmachung (auch) in einem Gebiet der EU erfüllt sind. In allen anderen Fällen ist die ESA zuständig[101]. Im Zweifelsfall sind Einzelfreistellungsanmeldungen für Alleinvertriebsverträge vorsichtigerweise stets bei der EG-Kommission einzureichen[102].

---

99 Eröffnung und Durchführung von Verletzungsverfahren, Erteilung von Einzelfreistellungen, Verfahrenseinstellung durch Ausstellung von Verwaltungsschreiben/Comfort Letters, Verfügung von Abstellungsmassnahmen, Ausfällung von Ordnungsbussen und Verhängung von Zwangsgeldern etc.; vgl. zu alledem oben B) Ziff. 3.2.3 und 3.2.4, S. 57 ff.

100 Das Kürzel steht für "EFTA Surveillance Authority".

101 Diese Zuständigkeitsumschreibung ist die Quintessenz des nur durch die Verhandlungsgeschichte erklärbaren, unnötig komplizierten Wortlauts von Art. 56 EWR-A: Das Umsatzkriterium gemäss Art. 56 Abs. 1 (b) wird durch Art. 56 Abs. 1 (c) und Abs. 3 faktisch obsolet (vgl. für den Wortlaut Anhang 2, S. 153 f.). Nach der Vereinbarten Niederschrift zu Art. 56 Abs. 3 EWR-A ist Spürbarkeitsmassstab stets die Bagatellbekanntmachung der Kommission (dazu oben B) Ziff. 3.1.3, S. 48 f.).

102 Die Kommission könnte nämlich in den Fällen, in denen sie unter dem EWR-A zuständig ist, stets auch gestützt auf das EG-Wettbewerbsrecht vorgehen, zumal nach der geltenden Praxis des EuGH das EG-Wettbewerbsrecht dem Wettbewerbsrecht völkerrechtlicher Verträge der EG vorgeht. Die Anmeldungsfristen unter dem EWR-A gelten auch dann als gewahrt, wenn zwar innert Frist bei der Kommission bzw. der ESA angemeldet wurde, sich diese aber in der Folge als unzuständig erachtet; die Anmeldung ist diesfalls von Amtes wegen durch die jeweils andere Behörde zu überweisen (EWR-A/Protokoll 23, Art. 10 Abs. 2 und 11).

Rechtsmittel gegen die Entscheide der Kommission sind an den EuGH, solche gegen die Entscheide der ESA an den neu geschaffenen EFTA-Gerichtshof zu richten[103].

b)   **Zivilgerichte**

EWR-kartellzivilrechtliche Klagen[104] sind bei den zuständigen nationalen Gerichten der EWR-Mitgliedstaaten nach den dort geltenden Zuständigkeitsregeln anzubringen.

Die nicht in letzter Instanz urteilenden nationalen Gerichte der EU-Mitgliedstaaten sind berechtigt und die letztinstanzlich urteilenden Gerichte der EU-Mitgliedstaaten verpflichtet, offene Auslegungsfragen[105] zum EWR-Wettbewerbsrecht dem EuGH zur verbindlichen Vorabentscheidung zu unterbreiten[106].

Die nationalen Gerichte der EFTA-Staaten sind demgegenüber weder berechtigt noch verpflichtet, dem EuGH irgendwelche EWR-Auslegungsfragen zu unterbreiten[107]. Sie sind aber berechtigt (ohne dazu verpflichtet zu sein), solche Auslegungsfragen dem EFTA-Gerichtshof zur unverbindlichen Vorabentscheidung zu unterbreiten[108]. Die letztinstanzlichen Urteile von Gerichten der EWR-Mitgliedstaaten können weder an den EuGH noch an den EFTA-Gerichtshof weitergezogen werden.

---

103   Da die Verfahrensbestimmungen und Kognitionsbefugnisse des EFTA-Gerichtshofes exakt dieselben sind wie jene des EuGH und der EFTA-Gerichtshof zudem entsprechend dem EWR-A nach Art. 3 des "Abkommens zwischen den EFTA-Staaten zur Errichtung einer Überwachungsbehörde und eines Gerichtshofs" auf die bisherige Rechtsprechung des EuGH verpflichtet ist und die künftige Rechtsprechung des EuGH zum EG-Wettbewerbsrecht "gebührend berücksichtigen" muss, dürfte es in materieller Hinsicht kaum eine Rolle spielen, welche Rechtsmittelinstanz entscheidet.

104   Im hier interessierenden Bereich also Klagen gestützt auf EWR-Wettbewerbsrecht zwischen den Vertragsparteien eines Alleinvertriebsvertrages oder zwischen Dritten und einer Vertragspartei.

105   Keine "offenen" Auslegungsfragen des EWR-Wettbewerbsrechts sind solche, die der EuGH in Anwendung des entsprechenden EG-Wettbewerbsrechts bereits löste.

106   EGV Art. 177 Abs. 1 lit. a in Verbindung mit EGV Art. 177 Abs. 2 und 3.

107   In EWR-A/Protokoll 34 offeriert die EG den EWR-Staaten die Möglichkeit, ihren nationalen Gerichten ein solches Recht einzuräumen bzw. eine solche Pflicht aufzuerlegen.

108   Art. 34 des "Abkommens zwischen den EFTA-Staaten zur Errichtung einer Überwachungsbehörde und eines Gerichtshofs".

5. Anwendung von ausländischen Kartell- und Wettbewerbsrechten ausserhalb EU/EWR auf grenzüberschreitende Alleinvertriebsverträge mit Beteiligung einer schweizerischen Partei

In jedem Fall alleinvertriebsvertraglicher Rechtsbeziehungen im Verhältnis Schweiz/Ausland, betreffe dies nun den EU-Raum bzw. den EWR oder nicht, ist sorgfältig zu prüfen, ob der fragliche Alleinvertriebsvertrag auch vor dem betreffenden ausländischen Kartell- und Wettbewerbsrecht Stand hält: Insbesondere das Kartell- und Wettbewerbsrecht der USA ist ebenso streng wie dasjenige der EU und erfasst sämtliche wettbewerbsbehindernden in- und ausländischen Verträge mit Auswirkungen auf dem amerikanischen Markt. Dabei unterscheidet es zwischen marktbehindernden Absprachen bzw. Massnahmen, die zum vornherein ("per se") verboten sind, und anderen, die einen Missbrauchstest (sog. "rule of reason") bestehen müssen, um erlaubt zu sein.

Entscheidend wird die Frage der Vereinbarkeit eines Alleinvertriebsvertrages mit einem entsprechenden ausländischen Wettbewerbsrecht in bezug auf dessen Durchsetzbarkeit und den richterlichen Schutz im Ausland. Muss die Gegenpartei an ihrem ausländischen Sitz eingeklagt oder ein nach Schweizer Recht ergangenes Urteil dort vollstreckt werden, wird der dortige Richter sein ausländisches Kartellgesetz ohne Rücksicht auf entgegenstehende vertragliche Rechtswahlklauseln zur Anwendung bringen; dem Umstand, dass der betreffende Alleinvertriebsvertrag allenfalls einem liberaleren schweizerischen Kartellgesetz[109] entspricht, wird er dabei in der Regel keinerlei Bedeutung zumessen.

---

109   Vgl. dazu oben, Ziff. B) 2., S. 38 ff.

C) Produktehaftpflicht

1. Allgemein: Begriff der Produktehaftpflicht

Der Begriff "Produktehaftpflicht" meint stets ausservertragliche, verschuldensunabhängige Haftpflicht für bestimmte Schäden, die durch ein fehlerhaftes Produkt verursacht werden:

Der Haftpflichtige haftet dem Geschädigten

- kraft zwingenden Gesetzes, d.h. ohne die geringste vertragliche Beziehung und auch ohne jede Möglichkeit vertraglicher Wegbedingung oder Einschränkung,

- i.d.R. ohne Rücksicht darauf, ob er die zum Schaden führende Fehlerhaftigkeit des Produktes in irgendeiner Weise verschuldet hat,

- für bestimmte Schäden, die das fehlerhafte Produkt verursacht, nicht aber für die Schadhaftigkeit dieses Produktes selbst.

In alledem unterscheidet sich die Produktehaftpflicht von der kaufrechtlichen Gewährleistungspflicht, die stets einen Vertrag zwischen den Parteien voraussetzt, (zumindest teilweise) verschuldensabhängig ist, weitgehend vertraglich eingeschränkt bzw. ausgeschlossen werden kann und primär Anspruchsgrundlage für den Schaden am Produkt selbst ist (vgl. oben, A) Ziff. 3.3.1, S. 24 ff.). *Gewährleistungsrecht ist dispositives Vertragsrecht, Produktehaftpflichtrecht zwingendes ausservertragliches Schutzrecht.*

2. EU-Produktehaftpflichtrecht

Die EU-Produktehaftpflichtrichtlinie[110] wurde bis heute (Oktober 1995) von allen EU-Mitgliedstaaten mit Ausnahme von Spanien und Frankreich[111], und von allen EFTA-Mitgliedstaaten ins nationale Recht übernommen.

---

110   Richtlinie (EWG) 85/374 vom 25. Juli 1985 (vgl. Anhang 2, S. 164 ff.).
111   Vor allem in Frankreich sind die Umsetzungsarbeiten weit fortgeschritten. Im Einzelfall ist abzuklären, wie weit die Produktehaftpflichtlinie von den spanischen bzw. französischen Gerichten direkt angewendet wird.

Das von der EU-Produktehaftpflichtrichtlinie vorgegebene Recht gilt
somit heute in Belgien, Dänemark, Finnland, Griechenland, Grossbritannien, Irland, Italien, Luxemburg, Niederlande, Österreich, Portu-
gal und Schweden sowie in Island, Liechtenstein, Norwegen und der
Schweiz. Obwohl sich die entsprechenden Umsetzungsgesetze zwangs-
läufig weitgehend entsprechen, bestehen nicht zu vernachlässigende
Unterschiede im Umsetzungsspielraum der Richtlinie, in der Auslegung
gleichlautender Rechtsbegriffe sowie im ergänzenden nationalen Recht.
Darauf kann im folgenden Überblick über das Richtlinienrecht nur sehr
beschränkt eingegangen werden.

Das EU-Produktehaftpflichtrecht beschränkt sich

– auf die verschuldensunabhängige Haftung für Personenschäden[112]
  (je nach nationaler Richtlinienumsetzung mit oder ohne Haftungslimite[113]), und

---

112   Art. 9 Abs. 1 lit a) Produktehaftpflichtrichtlinie (vgl. Anhang 2, S. 170 f.). Die von der
      Haftpflicht gedeckten Personenschäden schliessen insbesondere auch Versorgerschaden
      bei Tod und Erwerbsausfall bei Körperverletzung ein, nicht aber Genugtuungsansprüche,
      die nationalem Haftpflichtrecht unterstehen (Art. 9 Abs. 2 Produktehaftpflichtricht-
      linie); die meisten nationalen Haftpflichtgesetze knüpfen Genugtuungsansprüche an
      den Nachweis eines Verschuldens (vereinzelt werden aber auch Genugtuungsansprüche
      in die verschuldensunabhängige Produktehaftpflicht einbezogen, so etwa in Finnland
      und Österreich).
113   Nach Art. 16 Abs. 1 Produktehaftpflichtrichtlinie (vgl. Anhang 2, S. 173) können die
      nationalen Umsetzungsgesetze die Produktehaftpflicht für Personen-Serienschäden
      ("Schäden infolge von Tod oder Körperverletzung, die durch gleiche Artikel mit dem-
      selben Fehler verursacht wurden"), auf 70 Mio. ECU oder höhere Beträge begrenzen.
      Davon haben bisher (unter Festlegung der Limite in der jeweiligen nationalen Währung)
      Deutschland, Griechenland, Portugal und Island Gebrauch gemacht. Dabei ist jeweils
      abzuklären, ob die Haftungslimite auch für nicht serienmässige Personenschäden gilt
      (wie z.B. in Deutschland) und ob die Haftungslimite bei Nachweis eines Verschuldens
      entfällt (wie z.B. in Deutschland) oder nicht.

– auf die verschuldensunabhängige Haftung für Sachschäden *an privat verwendeten Konsumgütern* (stets ohne Haftungslimite, aber mit einem Selbstbehalt von ECU 500.–)[114],

die ein Produkt[115] anrichtet, weil es nicht genügend sicher ist[116], sei es

– wegen eines Materialdefekts (Fabrikationsfehler einschliesslich "Ausreisser"), oder

---

114 Art. 9 Abs. 1 lit. b) Produktehaftpflichtrichtlinie (vgl. Anhang 2, S. 171 f.; der Selbstbehalt von ECU 500.– ist in den nationalen Umsetzungsgesetzen in die jeweilige Landeswährung umgerechnet). Beschädigt ein fehlerhaftes Produkt Investitionsgüter oder Konsumgüter im geschäftlichen Gebrauch, besteht dafür nach der Produktehaftpflichtrichtlinie keine Produktehaftpflicht. Es ist aber nicht ausgeschlossen, dass einzelne nationale Haftpflichtgesetze auch gewerbliche Sachschäden in die Produktehaftpflicht einbeziehen, so etwa Österreich (mit der Möglichkeit zur Wegbedingung). Die Haftpflicht für Vermögensschäden wird von der Produktehaftpflichtrichtlinie nicht harmonisiert und von den nationalen Haftpflichtrechten i.d.R. auch nicht in die Produktehaftpflicht einbezogen.

115 Der Begriff des "Produkts" ist als "bewegliche Sache" (inkl. Elektrizität) definiert, wobei diese Eigenschaft durch den Einbau in eine Baute nicht verloren geht (Art. 2 Produktehaftpflichtrichtlinie, vgl. Anhang 2, S. 168). Heikle Abgrenzungsfragen stellen sich nicht nur in bezug auf den Begriff der *"Beweglichkeit"* der Sache, sondern auch in bezug auf den Begriff *"Sache"* als solchen. Von grosser praktischer Relevanz ist die Kontroverse um die Sacheigenschaft verkörperten Gedankenguts (z.B. in Fachbüchern, Plänen, Berechnungen, Software), der noch keine verallgemeinerungsfähigen Grundsätze zu entnehmen sind; nicht nur zwischen der Auslegungspraxis der einzelnen Umsetzungsstaaten, sondern auch innerhalb derselben können sich verschiedene Lösungen ergeben. Unverarbeitete land- und jagdwirtschaftliche Naturprodukte werden von der Produktehaftpflicht nur erfasst, wenn dies die nationalen Umsetzungsgesetze vorsehen (Art. 2 Produktehaftpflichtrichtlinie; von dieser Möglichkeit haben bisher Luxemburg, Finnland, Norwegen, Schweden und Island Gebrauch gemacht). Auch in diesem Bereich können im Einzelfall zahlreiche Auslegungsfragen entstehen, die je nach nationalem Umsetzungsgesetz und Auslegungspraxis verschieden gelöst werden.

116 Art. 6 Produktehaftpflichtrichtlinie, vgl. Anhang 2, S. 169.

– wegen seines Sicherheitsstandards (Konstruktionsfehler und Ent-
   wicklungsfehler)[117], oder

– wegen seiner Darbietung (ungenügende Warnhinweise/Gebrauchs-
   anweisungen).

Dabei haften dem Geschädigten *nach seiner Wahl*[118]

– weltweit jede Firma im gesamten Herstellungsprozess eines fehlerhaften Endprodukts bis hin zum fehlerverursachenden Subunter-
   nehmer oder Materiallieferant, und

– weltweit jede Firma, die das fehlerhafte Produkt mit ihrer Marke
   oder sonst einem Erkennungszeichen versieht (sogenannte Quasihersteller[119]), und

– jede Firma, die ein fehlerhaftes Produkt in die EU importiert.

---

117   "Konstruktionsfehler" bezeichnet eine schon nach dem Stand der Wissenschaft und
       Produktesicherheitstechnik *bei Inverkehrsetzung* ungenügend sichere Konzeption eines
       Produkts. "Entwicklungsfehler" bezeichnet eine erst nach einem *späteren* Stand der
       Wissenschaft und Produktesicherheitstechnik ungenügend sichere Konzeption eines
       Produkts. Wird z.B. ein 1980 konzipiertes Produkt auch noch 1990 produziert, ohne
       dass einem inzwischen fortgeschrittenen Stand der Wissenschaft und Produktesicher-
       heitstechnik Rechnung getragen wurde, kann sich daraus unter Umständen (abhängig
       vom konkreten Einzelfall und der konkreten nationalen Auslegungspraxis) für das 1980
       in Verkehr gesetzte Produkt ein Entwicklungs- und für das 1990 in Verkehr gesetzte
       Produkt ein Konstruktionsfehler ergeben. Die Produktehaftpflichtrichtlinie eröffnet in
       Art. 7 lit. e und Art. 15 Abs. 1 lit. b (vgl. Anhang 2, S. 170–172) den nationalen Um-
       setzungsgesetzen die Möglichkeit, *Entwicklungsfehler* in die Produktehaftpflicht ein-
       zuschliessen. Davon haben bisher Belgien, Deutschland, Dänemark, Griechenland,
       Grossbritannien, Irland, Italien, Niederlande, Portugal, Österreich, Schweden, Island
       und die Schweiz nicht, wohl aber Luxemburg, Finnland und Norwegen Gebrauch
       gemacht (im französischen und im spanischen Umsetzungsentwurf ist kein Einschluss
       vorgesehen).
118   Art. 3 Abs. 1 und 2 Produktehaftpflichtrichtlinie, vgl. Anhang 2, S. 168 f.
119   Wer ein OEM-Produkt mit seiner Marke versieht, haftet demnach dafür wie ein Her-
       steller.

Sind der Hersteller bzw., bei in die EU importierten Produkten, der Hersteller oder der EU-Importeur des fehlerhaften Produktes für den
Geschädigten nicht ersichtlich, so kann der Geschädigte jeden Zwischenhändler, also vorab auch den Händler belangen, von dem er das fehlerhafte Produkt bezogen hat[120]. Wird ein Händler belangt, so scheidet er
aus der Haftungskette allerdings wieder aus, wenn er dem Geschädigten
innert "angemessener" Frist[121] entweder seinen Vorlieferanten oder den
Hersteller bzw. EU-Importeur benennt; gibt er den Vorlieferanten an,
haftet dieser seinerseits nur, wenn er sich nicht in gleicher Weise zu
befreien vermag, usw.: Das einzige Glied in der Verteilerkette, das sich
nicht mehr auf diese Weise von der Produktehaftpflicht befreien kann,
ist der Importeur des fehlerhaften Produkts in die EU.

3. Schweizerisches Produktehaftpflichtrecht

Das Inkrafttreten des EWR-Abkommens hätte für die Schweiz auch die
Übernahme der EU-Produktehaftpflichtrichtlinie bedeutet. Nach der
Ablehnung des EWR-Abkommens wurde im Rahmen des Folge-
programmes ein Bundesgesetz über die Produktehaftung (PrHG) in
Kraft gesetzt[122]. Die Gesetzgebungsarbeiten waren vom Ziel geprägt,
angesichts der grenzüberschreitenden Bedeutung einer Regelung einen
möglichst europaverträglichen Erlass zu schaffen. Die seit dem 1. Januar
1994 geltende schweizerische Regelung über die Produktehaftpflicht
lehnt sich deshalb stark an die EU-Produktehaftpflichtrichtlinie an.

---

120   Art. 3 Abs. 3 Produktehaftpflichtrichtlinie. Für in die EU importierte Produkte kann der
        Händler also auch dann produktehaftpflichtrechtlich belangt werden, wenn dem Geschä-
        digten zwar der ausserhalb der EU domizilierte Hersteller, nicht aber der EU-Impor-
        teur bekannt ist.
121   Was als "angemessen" zu gelten hat, ist eine Frage des anwendbaren nationalen Rechts.
122   Bundesgesetz über die Produktehaftpflicht vom 18. Juni 1993 (für den Wortlaut vgl.
        Anhang 2, S. 175 ff.).

Zunächst ist von praktischer Bedeutung, dass die Schweiz von den drei in der EU-Produktehaftpflichtrichtlinie vorgesehenen Möglichkeiten[123] keinen Gebrauch gemacht hat, abweichende Regelungen im nationalen Umsetzungsgesetz zu erlassen. Das Produktehaftpflichtgesetz findet folglich keine Anwendung auf Naturprodukte, sieht keinen Einbezug der Entwicklungsrisiken vor und verzichtet auf die Festsetzung von Haftungslimiten.

Die Haftungsvoraussetzungen werden in PrHG Art. 1 umschrieben. Diese Bestimmung statuiert eine *verschuldensunabhängige Haftung des Unternehmers für jeden Fehler seiner Produkte*. Für die Haftung ist entscheidend, dass ein in Verkehr gesetztes Produkt einen Mangel aufweist und dadurch ein Schaden entsteht. Die Haftung besteht alsdann uneingeschränkt für Personenschäden; bei Sachschäden ist sie beschränkt auf Schäden aus der Beschädigung bzw. der Zerstörung von Sachen, die nach ihrer Art gewöhnlich zum privaten Gebrauch oder Verbrauch bestimmt und vom Geschädigten hauptsächlich privat verwendet worden sind.

Gemäss PrHG Art. 2 haftet nach den Regeln des Produktehaftpflichtgesetzes nicht nur der tatsächliche Hersteller eines fehlerhaften Produktes, sondern auch der Importeur und der Quasihersteller (derjenige, der durch das Anbringen seines Erkennungs- oder Markenzeichens lediglich als Hersteller erscheint)[124]. Lässt sich der Hersteller (im Sinne der Definition des Gesetzes) nicht feststellen, so haftet grundsätzlich jeder Lieferant (Händler) des Produkts.

Ähnlich wie unter der EU-Produktehaftungsrichtlinie ist ein Produkt nach PrHG Art. 4 fehlerhaft, wenn es einen Konstruktions- oder Fabrikationsfehler aufweist, ein Mangel bei der Präsentation des Produkts oder der Instruktion für seinen Gebrauch besteht. Die Beurteilung der Fehlerhaftigkeit hat unter Berücksichtigung eines vernünftigen Gebrauchs zu erfolgen; abwegige Gebrauchsarten, mit denen vernünftigerweise nicht gerechnet werden kann, lösen keine Haftung unter dem PrHG aus.

---

123   Dazu oben C), FN 113, 115, 117, S. 70–72 ff.
124   Inkl. Kennzeichnung von OEM produzierten Produkten.

D) Kaufrechtsregelungen bei grenzüberschreitenden Alleinvertriebsverträgen

Bei grenzüberschreitenden Alleinvertriebsverträgen ist zu beachten, dass das Übereinkommen der Vereinten Nationen über Verträge im internationalen Warenkauf (Wiener Kaufrecht) seit dem 1. März 1991 auch für die Schweiz Gültigkeit hat[125]. Das Wiener Kaufrecht gilt grundsätzlich als massgebliches Kaufrecht bei Alleinvertriebsverträgen zwischen Parteien, die ihren Sitz in Vertragsstaaten des Abkommens haben[126] sowie dann, wenn das (gemäss Rechtsfindung des urteilenden Richters) auf den Alleinvertriebsvertrag anwendbare Recht das Recht eines Abkommensstaates ist[127]. *Die Anwendung des Wiener Kaufrechtes kann allerdings durch Parteivereinbarung ausgeschlossen werden*, so dass mit der entsprechenden Rechtswahl der Parteien für den Vertrag nur das materielle Landesrecht ohne Wiener Abkommen zur Anwendung gelangt[128].

Das Wiener Kaufrecht integriert teilweise die kaufrechtliche Common Law Tradition in das kontinentale Recht und ist in seiner Tendenz käuferfreundlicher als die kaufrechtlichen Bestimmungen des schweizerischen Obligationenrechts; Vertragsverletzungen müssen innert angemessener Frist, jedoch spätestens innert zwei Jahren gerügt werden[129]. Den Parteien stehen nach dem Wiener Kaufrecht in materieller Hinsicht Ansprüche auf Vertragserfüllung, Minderung und Rücktritt vom Vertrag zu. In erster Linie steht dem Käufer jedoch (im Gegensatz zum schweizerischen Recht) ein Anspruch auf Nachbesserung zu[130]; ein

---

125   Vgl. die auszugsweise Wiedergabe des Wortlautes in: Anhang 2; S. 180 ff.
126   Dem Abkommen sind die meisten europäischen Staaten sowie die Vereinigten Staaten von Amerika beigetreten (vgl. SR 0.221.211.1).
127   Vgl. Art. 1 Wiener Kaufrecht, Wortlaut in Anhang 2, S. 180.
128   Vgl. Art. 6 Wiener Kaufrecht, Wortlaut in Anhang 2, S. 181.
129   Vgl. Art. 39 Wiener Kaufrecht (Fundstelle in FN 126).
130   Vgl. Art. 46 Wiener Kaufrecht (Fundstelle in FN 126).

Rücktritt vom Vertrag kann nur bei einer wesentlichen Vertragsverletzung im Sinne von Art. 25 Wiener Kaufrecht geltend gemacht werden[131]. Gemäss dieser Bestimmung ist eine Vertragsverletzung wesentlich, wenn der Gegenpartei "im wesentlichen entgeht, was sie nach dem Vertrag hätte erwarten dürfen". Schadenersatzansprüche können in jedem Fall kumulativ zu den anderen Ansprüchen geltend gemacht werden.[132]

---

131 Vgl. Art. 49 Wiener Kaufrecht (Fundstelle in FN 126).
132 Vgl. Art. 45 Abs. 2 Wiener Kaufrecht (Fundstelle in FN 126).

E) Streiterledigung und Vollstreckung bei internationalen Alleinvertriebsverträgen

Bei grenzüberschreitenden Verträgen stellt sich immer auch die Frage nach dem Gerichtsstand sowie nach dem für die Streiterledigung anwendbaren nationalen Recht. Hierzu ist grundsätzlich zu bemerken, dass sich jede angerufene Gerichtsinstanz über ihre eigene Zuständigkeit nach Massgabe ihres nationalen Rechts ausspricht, und dass der Streitfall mangels ausdrücklicher Regelung durch die Parteien unter demjenigen Recht beurteilt wird, das der angerufene Richter aufgrund seiner eigenen Rechtsordnung als anwendbar erklärt[133]. Dies schliesst offensichtlich die Möglichkeit in sich, dass bei Anrufung von Richtern verschiedener Nationalität (z.B. wenn jede Partei den [vorab gegebenen] Domizil- bzw. Wohnsitzrichter im Land der Gegenpartei anruft) bezüglich des anwendbaren Rechts unterschiedliche Urteile ergehen können. Ferner besteht die Gefahr, dass ein von einem Richter in einem Staat gefällter Urteilsspruch im andern Staat nicht vollstreckt werden kann, weil die dortigen Vollstreckungsbehörden die Zuständigkeit des ausländischen Richters nicht anerkennen.

Die Gefahren, die mit einer solchen Situation verknüpft sind, können relativ einfach dadurch vermieden werden, dass die Parteien im Alleinvertriebsvertrag durch entsprechende *Klauseln* die *Zuständigkeit einer nationalen Gerichtsinstanz oder eines Schiedsgerichtes vereinbaren und gleichzeitig das auf den Alleinvertriebsvertrag anwendbare Recht bestimmen.* Darauf wurde bereits hingewiesen[134].

Beim Entscheid Schiedsgericht/nationales ordentliches Gericht sind verschiedene Aspekte in Betracht zu ziehen. Eine generelle Empfehlung kann nicht zum vornherein gegeben werden. Lediglich summarisch seien jedoch einige Betrachtungen zu diesem Fragenkomplex aufgezeigt, die beim Entscheid Schiedsgericht/nationales ordentliches Gericht eine Rolle spielen dürften.

---

133 Vgl. dazu oben A) Ziff. 3.3.6, S. 33 ff.
134 Vgl. dazu oben A) Ziff. 3.3.6, S. 33 ff.

Nationale ordentliche Gerichte erweisen sich in manchen Ländern, vor allem in Ländern mit schlecht funktionierendem Justizapparat, als unberechenbar, ineffizient und gelegentlich sogar als parteiisch. In solchen Fällen ist die Vereinbarung eines Schiedsgerichts in der Regel ratsam. Auf der andern Seite kann ein Verfahren vor den ordentlichen Gerichten eines Landes mit gut funktionierendem Justizapparat unter Umständen kostengünstiger sein als ein Schiedsgericht, vor allem dann, wenn die Möglichkeit besteht, den Instanzenzug zu verkürzen (z.b. auf Appellation zum vornherein zu verzichten). Bei Schiedsgerichtsverfahren fehlt in der Regel eine ordentliche Weiterzugsmöglichkeit an eine höhere Instanz, so dass aus diesem Grund, wie auch gestützt auf die höhere Flexibilität der Schiedsrichter, eine raschere Urteilsfindung erwartet werden kann[135]. Schliesslich sind Schiedsgerichte oftmals besser in der Lage als nationale Gerichte, fremdländische Dokumente zu überprüfen und mit ausländischen Parteien zu verhandeln, so dass auch hieraus eine Beschleunigung des Verfahrens resultieren kann. Demgegenüber verfügen nationale Gerichte oft über Zwangsmittel (Strafandrohungen bei Vorladungen u.a.m.), die Schiedsgerichte nicht, oder nur unter Zuhilfenahme von nationalen Gerichtsinstanzen anwenden können[136].

Vollstreckungsrechtlich sind Schiedsgerichtsurteile in vielen Staaten recht gut abgesichert. Dies vorab im Rahmen des (nahezu universell geltenden) New Yorker Übereinkommens vom 10. Juni 1958, welchem nebst der Schweiz rund 90 Signatarstaaten beigetreten sind[137].

---

135   Vgl. IPRG Art. 190, in welchem die limitierten Anfechtungsgründe dargelegt sind. Hat keine der am Streit beteiligten Parteien Domizil oder Wohnsitz in der Schweiz, kann gemäss IPRG Art. 192 jede Anfechtung von Schiedsgerichtsentscheiden ausgeschlossen werden.

136   Vgl. zur Mithilfe staatlicher Richter bei vorsorglichen Massnahmen, Beweisabnahmen und weiterer Mitwirkung IPRG Art. 183–185.

137   Übereinkommen über die Anerkennung und Vollstreckung ausländischer Schiedssprüche vom 10. Juni 1958 (SR 0.277.12): Anerkennung und Vollstreckung von Schiedsgerichtsentscheiden in der Schweiz richten sich nach IPRG Art. 190–194.

Daneben haben das Genfer Abkommen zur Vollstreckung ausländischer Schiedssprüche vom 26. September 1927[138] sowie das Genfer Protokoll über die Schiedsklauseln vom 24. September 1923[139] für die Schweiz nur noch geringe Bedeutung; diese Übereinkommen gelten noch im Verhältnis zu jenen Vertragsstaaten, die nicht dem New Yorker Übereinkommen beigetreten sind. Dasselbe gilt grundsätzlich auch für die wenigen verbleibenden bilateralen Anerkennungs- und Vollstreckungsabkommen, welche die Schweiz abgeschlossen hat und die u.a. auch die Anerkennung und Vollstreckung von Schiedssprüchen regeln[140].

Im Hinblick auf die Anerkennung und *Vollstreckung von Urteilen ordentlicher staatlicher Gerichte* ist im Zusammenhang mit Alleinvertriebsverträgen was folgt festzuhalten:

Basis für Anerkennung und Vollstreckung ausländischer Urteile ordentlicher Gerichte in der Schweiz bilden heute *IPRG Art. 25–32*. Gemäss dem programmatischen Artikel IPRG Art. 25 muss unter Verzicht auf das frühere Gegenrechtserfordernis die ausländische Entscheidung (i) von einer zuständigen Behörde ausgegangen[141], (ii) rechtskräftig und (iii) frei von Verweigerungsgründen gemäss Art. 27 IPRG sein[142]. Trifft dies zu, so kann die Entscheidung in der Sache selbst nicht nachgeprüft werden (IPRG Art. 27 Abs. 3). Das Verfahren auf Anerkennung und Vollstreckung richtet sich sodann nach IPRG Art. 29–32.

---

138   Vgl. SR 0.277.111
139   Vgl. SR 0.277.11
140   Bezüglich anderer Rechtsquellen gilt gegenüber dem New Yorker Übereinkommen das Günstigkeitsprinzip in Sachen Anerkennung. Nur das Genfer Übereinkommen wird vom New Yorker Übereinkommen verdrängt.
141   Die Zuständigkeit der ausländischen Behörde wird durch IPRG Art. 26 bestimmt: Zuständigkeit wird begründet durch eine Bestimmung des IPRG, den Wohnsitzgerichtsstand, eine gültige Gerichtsstandsvereinbarung in vermögensrechtlichen Streitigkeiten, Einlassung bei vermögensrechtlichen Steitigkeiten sowie bei konnexen Widerklagen.
142   Verweigerungsgründe gemäss IPRG Art. 27 sind: Offensichtliche Unvereinbarkeit mit dem schweizerischen Ordre public, ungehörige Vorladung, Verletzung des rechtlichen Gehörs, bereits ergangene Entscheidung.

Zusätzlich zu diesen grundlegenden Bestimmungen des IPRG hat die Schweiz *multi- und bilaterale Abkommen* bezüglich der Anerkennung von Zivilurteilen ratifiziert. Die meisten der bilateralen Abkommen (mit Deutschland, Österreich, Belgien, Spanien, Italien, Liechtenstein, Schweden und der (früheren) Tschechoslowakischen Republik) sind mit der Ratifizierung und dem Inkrafttreten des Lugano-Übereinkommens vom 16. September 1988[143] per 1. Januar 1992 wenn auch nicht gänzlich aufgehoben, so doch praktisch bedeutungslos geworden. Dabei gehen diese staatsvertraglichen Bestimmungen der Regelung des IPRG vor und die identischen bzw. weitergehenden Bestimmungen des Lugano-Übereinkommens gehen den entsprechenden bilateralen Staatsverträgen vor (Art. 55 Lugano-Übereinkommen).

Das Lugano-Übereinkommen basiert auf dem Brüsseler Übereinkommen über die gerichtliche Zuständigkeit und die Vollstreckung gerichtlicher Entscheidungen in Zivil- und Handelssachen vom 27. September 1968, welches die damaligen EU Mitgliedstaaten für sich und ihre künftigen Mitglieder abgeschlossen haben. Den Mitgliedern der EFTA (sowie unter gewissen Bedingungen auch übrigen interessierten Ländern) sollte mit dem Lugano-Übereinkommen in Zivil- und Handelssachen gleiche Anerkennung und Vollstreckung wie den EU-Mitgliedstaaten gewährt werden. Dem Lugano-Übereinkommen sind heute die wichtigsten europäischen (EU-/EFTA-Mitglied-) Staaten beigetreten[144].

---

143 Übereinkommen über die gerichtliche Zuständigkeit und Vollstreckung in Zivil- und Handelssachen vom 16. September 1988: SR 0.275.11; vgl. auszugsweise Wiedergabe des Wortlautes in Anhang 2, S. 182 ff.

144 Beitritte Stand Ende Oktober 1995: Finnland, Frankreich, Grossbritannien, Italien, Luxemburg, Niederlande, Norwegen, Protugal, Schweden, Schweiz, Deutschland, Spanien. (Inkrafttreten für Island: 1. Dezember 1995).

Das Lugano-Übereinkommen legt als Regel und (grundsätzlich zur Anerkennung führenden) Gerichtsstand den Domizil- und Wohnsitzgerichtsstand fest[145]. Daneben anerkennt das Übereinkommen aber auch eine ganze Anzahl von weiteren Gerichtsständen, wobei insbesondere der Gerichtsstand des Erfüllungsortes erwähnenswert ist[146]. Gegen diesen Gerichtsstand hat die Schweiz allerdings im Hinblick auf den verfassungsmässigen Domizilgerichtsstand von BV Art. 59 einen Vorbehalt angebracht, solange letztere Bestimmung nicht geändert ist[147], längstens jedoch bis 31. Dezember 1999. Gemäss Lugano-Übereinkommen werden in einem Vertragsstaat ergangene Entscheidungen in Zivil- und Handelssachen in den anderen Vertragsstaaten ohne weiteres anerkannt[148], sofern keine Verhinderungsgründe gemäss Art. 27 Lugano-Übereinkommen vorliegen[149].

Den Fragen im Zusammenhang mit einer künftigen Erledigung von Streitigkeiten und der damit verbundenen Vollstreckung wird in der Praxis erfahrungsgemäss zu wenig Gewicht beigemessen, da die Parteien bei Vertragsschluss regelmässig davon ausgehen, Streitigkeiten würden sich nicht ergeben oder könnten dann auf gütlichem Wege beigelegt werden. Die notorische Überlastung aller Gerichtsinstanzen zeigt, dass diese Erwartung in vielen Fällen nicht gerechtfertigt ist. Es lohnt sich also, den rechtlichen Aspekten im Zusammenhang mit einer künftigen Erledigung von Streitigkeiten samt Vollstreckung die gebührende Aufmerksamkeit zu schenken.

---

145 Vgl. Lugano Übereinkommen Art. 2, in: Anhang 2, S. 183 f.
146 Vgl. im einzelnen Lugano Übereinkommen Art. 5 und 6, in: Anhang 2, S. 184–186.
147 Protokoll Nr. 1 über bestimmte Zuständigkeits-, Verfahrens- und Vollstreckungsfragen: SR 0.275.11 sowie Anhang 2, S. 190.
148 Vgl. Lugano Übereinkommen Art. 26, in: Anhang 2, S. 188.
149 Zu diesen Verhinderungsgründen, die sich weitgehend mit IPRG Art. 27 decken, im einzelnen Lugano Übereinkommen Art. 27, in: Anhang 2, S. 188 f.

Insbesondere bezüglich Anerkennung und Vollstreckung zeigt es sich, dass die Schweiz über das New Yorker Übereinkommen in ein umfangreiches und transparentes Netz der Anerkennung von Schiedsgerichtsurteilen eingebettet ist, welches weit über die staatsvertraglichen Regelungen (gesicherter Anerkennung und Vollstreckung) für ordentliche Gerichte hinausgeht. Damit wird in vielen Fällen einer Schiedsgerichtsklausel gegenüber einer ordentlichen Gerichtsstandsklausel der Vorzug zu geben sein, sofern im zweiten Fall Anerkennung und Vollstreckung staatsvertraglich nicht gesichert ist und sodann in jedem Einzelfall geprüft werden muss, ob die betroffenen Länder die Anerkennung und Vollstreckung – in ähnlicher Weise wie IPRG Art. 25–32 – gewährleisten.

F) Schlussbemerkung

Der Alleinvertriebsvertrag stellt für den Lieferanten, namentlich bei der Erschliessung neuer Märkte, zu denen er sich sonst nur schwer Zugang verschaffen könnte, ein interessantes Vertriebsmittel dar. Er ermöglicht ihm, das Vertriebsrisiko abzuwälzen und gleichzeitig die wirtschaftliche Dispositionsbefugnis weitgehend zu behalten. Allerdings werden der Ausgestaltung von Alleinvertriebsverträgen – sofern es sich nicht um Bagatellverträge handelt – monopol- und wettbewerbsrechtliche Schranken gesetzt, die beispielsweise beim Direktvertrieb über Niederlassungen, Tochtergesellschaften oder Agenten nicht bestehen. Hier gilt es, in Abwägung aller wirtschaftlichen und rechtlichen Möglichkeiten die beste Wahl eines Vertriebssystems zu treffen.

G) Weiterführende Literatur

Meyer Christian Alexander, Der Alleinvertrieb, St. Gallen 1992.

Glanzmann Andreas, Der Alleinvertriebsvertrag im Schweizerischen Kartellrecht unter vergleichender Heranziehung des EG-Rechts (St. Galler Studien zum Privat-Handels- und Wirtschaftsrecht 25), Bern 1991.

Maier H.J./Hangarter D., Alleinvertriebsvertrag zwischen Lieferant in Deutschland und Abnehmer in der Schweiz, Zürich 1991.

Baudenbacher Carl, Anspruch auf Kundschaftsentschädigung bei gesetzlich nicht geregelten Absatzmittlungsverträgen? in: Forstmoser/Tercier/Zäch (Hrsg.) Festgabe zum 60. Geburtstag von W.R. Schluep, Zürich 1988, S. 81 ff.

Gautschi Georg, in: Berner Kommentar, Bd. VI/2/5, Bern 1964, S. 207–211.

Anhang 1
Vertragsraster zum Alleinvertriebsvertrag

1   Vorbemerkung

Der nachfolgende Vertragsraster soll in Form einer Checkliste die wesentlichen regelungsbedürftigen Punkte eines Alleinvertriebsvertrages aufzeigen.

Die Lösungsansätze sind für jeden Vertrag einzeln zu erarbeiten und auf die konkreten Bedürfnisse der betreffenden Parteien abzustimmen. Dabei ist auch in jedem Einzelfall zu prüfen, wie weit von den Parteien wünschbar erachtete Regelungen ihre Schranken in zwingenden gesetzlichen Bestimmungen finden. Diese Schranken werden vorab durch das im konkreten Einzelfall anwendbare materielle Vertragsrecht und Kartell- und Wettbewerbsrecht gesetzt.

Soweit nachfolgend im Vertragsraster Ansätze und Stichworte zu Regelungsmöglichkeiten gegeben werden, erfolgt dies *ohne Prüfung und Berücksichtigung möglicher Schranken des jeweils anwendbaren zwingenden Rechts*. Es sollen vielmehr Möglichkeiten und Varianten im ganzen Spektrum aufgezeigt werden, die sodann von den Parteien in Berücksichtigung des sachlichen und rechtlichen Umfeldes eingeschränkt und angepasst werden müssen.

Die aufgezeigten Regelungsmöglichkeiten werden wertneutral aufgezeichnet. Im Einzelfall sind die Rechte und Pflichten des Lieferanten und des Alleinvertreters in ein ausgewogenes, den Parteien und der Sachlage angemessenes Verhältnis zu bringen, welches garantiert, dass ein auf Dauer angelegter Alleinvertriebsvertrag loyal und ohne Probleme während der gesamten Zeit vollzogen und erfüllt wird.

2   Vertragsraster

2.1   Allgemeines

- Bezeichnung des Vertrages als Alleinvertriebsvertrag

- Genaue Bezeichnung der Parteien, gegebenenfalls der zeichnungs-
  berechtigten Vertreter

- Vertragseinleitung zur Darlegung der Ausgangslage und der Absicht
  der Parteien

2.2   Vertragsgrundlage/Vertragsprodukte/Vertragsgebiet

- Betrauung des Alleinvertreters als Eigenhändler mit Alleinvertrieb
  der Vertragsprodukte im Vertragsgebiet *(vertragstypische Alleinvertriebsklausel)*

- Festhaltung des Status des Alleinvertreters als Eigenhändler mit
  Kauf und Verkauf in eigenem Namen auf eigene Rechnung

- Ausschluss der Begründung eines Gesellschaftsverhältnisses, eines
  Bevollmächtigungs-, Agentur- oder Kommissionsverhältnisses durch
  den Vertrag

- Genaue und klare Bezeichnung der Vertragsprodukte bei Vertragsbe-
  ginn; Regelungen bezüglich der Produkte während der Vertragszeit
  (Fortentwicklungsprodukte, Neuprodukte, Auslaufen bestehender
  Produkte, Service bei auslaufenden Produkten etc.)

- Genaue Bezeichnung des Vertragsgebietes sowie evtl. der vom
  Alleinvertreter im Vertragsgebiet zu betreuenden Kundschaft

- Allfällige Festhaltung bereits bestehender Kundschaft im Vertragsgebiet, womit die "Goodwillschaffung" des Alleinvertreters akten-
  kundig überprüft werden kann

2.3 Hauptpflichten des Alleinvertreters
(vertragstypische Verkaufsförderungsklauseln)

- Allgemeine Wahrung der Interessen des Lieferanten im Vertragsgebiet durch Verkauf und Absatzförderung der Vertragsprodukte mit aktiver Kundenbearbeitung, unter Festlegung im einzelnen von:

- Personeller und materieller Umfang der Verkaufseinrichtung(en)

- Regelung bezüglich Untervertreter

- Qualifikation und Ausbildung des Personals

- Lagerhaltung von Vertragsprodukten und Ersatzteillager

- Demonstrationsware

- Werbung und evtl. Kostenbeteiligung des Lieferanten

- Gebrauch von Logos und Marken des Lieferanten

- Vertrieb der Vertragsprodukte unter vorgeschriebener Marke und vorgeschriebener Ausstattung

- Hilfe bei Durchsetzung von Immaterialgüterrechten des Lieferanten

- Bezeichnung als Vertragshändler des Lieferanten

- Anforderungen bezüglich Kundenbearbeitung

- Beobachtung des Marktes und technischer Zulassungsbestimmungen

- Periodische Berichts- und Auskunftspflichten

- Regelung der Garantie- und Servicetätigkeiten (auch in der Nachvertragsperiode)

- Wahrung von Geschäftsgeheimnissen (auch während der Nachvertragsperiode)

- Mitteilung von wesentlichen Aenderungen der Geschäftstätigkeit, der wirtschaftlichen Eigentümer sowie der Rechtsform

2.4 Geschäftliche Beschränkungen des Alleinvertreters

- Verbot der Herstellung und des Vertriebes von Produkten, die mit den Vertragsprodukten in Wettbewerb stehen *(zulässig nach EG Gruppenfreistellungsverordnung 1983/83)*

- Verpflichtung, Vertragsprodukte zum Weiterverkauf nur vom Lieferanten zu beziehen (Alleinbezugsverpflichtung) *(zulässig nach EG Gruppenfreistellungsverordnung 1983/83)*

- Verpflichtung, ausserhalb des Vertragsgebietes für die Vertragsprodukte keine Kunden zu werben, keine Niederlassung einzurichten und keine Auslieferungslager zu unterhalten *(zulässig nach EG Gruppenfreistellungsverordnung 1983/83; kein absoluter Gebietsschutz, Ermöglichung von Parallelimporten)*

oder

- Verpflichtung sicherzustellen, dass ausserhalb des Vertragsgebietes keine Vertragsprodukte an Verbraucher und Händler verkauft werden samt Verpflichtung, innerhalb des Vertragsgebietes sicherzustellen, dass ein Verkauf der Vertragsprodukte nur an bestimmte Abnehmer erfolgt *((absolute) Gebietsschutzklausel mit Verhinderung von Parallelimporten bzw. Vertriebsbindungsklausel)*

- Verpflichtung, Vertragsprodukte nur zu bestimmten Bedingungen und Konditionen zu verkaufen (Preisbindungen, Garantiebedingungen, Allgemeine Verkaufs- und Lieferbedingungen)

2.5 Hauptpflichten des Lieferanten

- Allgemeine Unterstützung beim Vertrieb der Vertragsprodukte im Vertragsgebiet, unter Festlegung im einzelnen von:

- Überlassung von Preislisten, Prospekten, Werbematerial etc., evtl. gegen Entgelt

- Schulung von Personal des Alleinvertreters für Verkauf und Reparaturservice, evtl. gegen Entgelt

- Laufende Information über wesentliche Umstände hinsichtlich der Vertragsprodukte (Produktion, Lieferbereitschaft, Produktionsänderungen, Preise etc.)

- Weiterleitung von Aufträgen von Verbrauchern im Vertragsgebiet an den Alleinvertreter

- Wahrung von Geschäftsgeheimnissen (auch während der Nachvertragsperiode)

- Einhaltung von Mindestlieferungen und von Mindestlieferfristen

- Errichtung von Konsignationslagern beim Alleinvertreter

- Gewährung von Herstellergarantien gegenüber dem Endverbraucher mit allfälliger Erfüllung durch Alleinvertreter gegen Entschädigung durch Lieferant

2.6   Geschäftliche Beschränkungen des Lieferanten

(in Zusatz zur Alleinvertriebsklausel gemäss Ziff. 2.2 oben, wonach dem Alleinvertreter exklusiv der Vertrieb der Vertragsprodukte im Vertragsgebiet überlassen wird)

- Verpflichtung, Verbraucher im Vertragsgebiet nicht mit Vertragsprodukten zu beliefern *(zulässig nach EG Gruppenfreistellungsverordnung 1983/83)*

- Allfällige Ausnahmen zu obiger Klausel mit Direktlieferungvorbehalten und möglichen Entschädigungsregelungen des Alleinvertreters; allfällige Ausnahmen zum Alleinvertriebsrecht

- Verpflichtung zur Sicherstellung, dass im Vertragsgebiet durch den Lieferanten, verbundene Firmen oder Dritte (Alleinvertreter, etc.) keine Kunden geworben, keine Niederlassung eingerichtet und keine Auslieferungslager unterhalten werden *(zulässig nach EG Gruppenfreistellungsverordnung 19883/83; kein absoluter Gebietsschutz, Ermöglichung von Parallelimporten)*

oder

- Verpflichtung zur Sicherstellung, dass durch den Lieferanten, verbundene Firmen oder Dritte (Alleinvertreter, Abnehmer etc.) im Vertragsgebiet an Abnehmer keine Vertragsprodukte verkauft werden, keine Kunden geworben, keine Niederlassung eingerichtet und kein Auslieferungslager gehalten wird *((absolute) Gebietsschutzklausel mit Verhinderung von Parallelimporten)*

2.7   Einkauf bzw. Verkauf von Vertragsprodukten *(vertragstypische Kaufklauseln)*

- Allgemeine Verpflichtung des Lieferanten zum Verkauf der Vertragsprodukte an Alleinvertreter während Vertragsdauer (einschliesslich Ersatzteile)

- Allgemeine Verpflichtung des Alleinvertreters zum Kauf von Vertragsprodukten vom Lieferanten während der Vertragszeit (einschliesslich Ersatzteile)

- Geltung von Allgemeinen Geschäftsbedingungen für Verkäufe bzw. Käufe zwischen den Parteien

- Regelung von Bestellungen und Vorausdispositionen

- Mindestabnahmen

- Liefervorbehalte

- Regelung des Kaufpreises gemäss jeweiligen Preislisten etc. in Verbindung mit INCOTERMS-Klauseln bezüglich Nutzen- und Gefahrübergang und Transportkosten, Versicherungs-, Steuer- und Zolltragung

- Kaufpreismodifikationen nach Bestellung (Abänderungsvorbehalte, Rabatte etc.)

- Zahlungsbedingungen, Währung, Zahlungsort

- Verpflichtung zur Lieferung von Vertragsprodukten, die in Form und Inhalt den im Land des Alleinvertreters bzw. Vertragsgebiet geltenden gesetzlichen Vorschriften entsprechen, wobei der Alleinvertreter dem Lieferanten die diesbezüglichen Informationen zukommen lassen muss

- Gewährleistungs- und Garantieregelung samt Behandlung von Mängelrügen (evtl. Ausstellung von Herstellergarantien)
- Eigentumsvorbehalte
- Mindestlagerhaltung durch Alleinvertreter
- Konsignationslagererrichtung

2.8 Vertragsdauer

- Festlegung von Vertragsbeginn
- Übergangsregelung bei Vertragsbeginn, sofern Tätigkeiten des vorangehenden Alleinvertreters oder von Dritten noch beachtet werden müssen
- Vertrag mit bestimmter Vertragsdauer (mit oder ohne Evergreen-Klausel); selten Vertrag auf unbestimmte Zeit mit Minimaldauer
- Kündigungsfristen und Form der Kündigung
- Vorzeitige Vertragsbeendigung aus wichtigem Grund
- Aufzählung von weiteren Ereignissen, die eine vorzeitige Vertragsbeendigung ermöglichen, wie
  a) Eröffnung Konkurs, Nachlassstundung, Pfändung, Liquidation etc.
  b) Änderung von Beteiligungsverhältnissen
  c) Nichteinhaltung vertraglicher Verpflichtungen trotz Fristansetzung von z.B. 60 Tagen

2.9 Regelungen bei Vertragsbeendigung

- Beendigung des Vertrages befreit keine der Parteien von den zu diesen Zeitpunkt bestehenden Rechten und Pflichten
- Beendigung des Vertrages und Einfluss auf die dannzumal hängigen Bestellungen

– Regelung über allfällige Rücknahmen von Waren- und Ersatzteillagern durch Lieferanten

– Regelung betreffend Erfüllung von vertraglichen und nachvertraglichen Garantie- und Serviceleistungen gegenüber Verbrauchern

– Herausgabepflicht von Unterlagen, Prospekten, Werbematerial, Demonstrationsmaterial etc.

– Evtl. Ausschluss von Retentionsrechten und Verrechnungsmöglichkeiten

– Abrechnungspflicht über Geschäftsbeziehung

– Regelung bzw. Ausschluss von Goodwillentschädigungen; Zusprechung einer Goodwillentschädigung nur, wenn die betroffene Partei kein schwerwiegendes Verschulden an der Vertragsbeendigung trifft

– Allfällige Konventionalstrafenregelung bei Vertragsverletzung

– Mögliche nachvertragliche Konkurrenzverbote, soweit zulässig

2.10 Diverse Endklauseln

– Zustellungsregelung und Adressangaben der Parteien

– Force Majeure Bestimmungen

– Rechtsfolgen bei Unwirksamkeit einzelner Bestimmungen (sog. salvatorische Klausel)

– Schriftlichkeitsvorbehalt für Aenderungen und Ergänzungen des Vertrages

– Vollständigkeit des Vertrages, Nichtbestehen von Nebenabreden

– Rechtswahlklausel

– Gerichtsstandklausel zugunsten ordentlicher Gerichte bzw. Schiedsgerichtsklausel für Beurteilung von Streitigkeiten durch Schiedsgerichte

2.11 Formalpunkte

- Anzahl der ausgefertigten Originalexemplare

- Unterschriften

- Auflistung der Beilagen zum Vertrag (Allgemeine Geschäftsbedingungen, Liste mit Vertragsprodukten etc.)

Anhang 2

Massgebliche Gesetzes- und Abkommenstexte

1.   EG-Vertrag: Artikel 85 (Kartellverbot)

(1) Mit dem Gemeinsamen Markt unvereinbar und verboten sind alle Vereinbarungen zwischen Unternehmen, Beschlüsse von Unternehmensvereinigungen und aufeinander abgestimmte Verhaltensweisen, welche den Handel zwischen Mitgliedstaaten zu beeinträchtigen geeignet sind und eine Verhinderung, Einschränkung oder Verfälschung des Wettbewerbs innerhalb des Gemeinsamen Marktes bezwecken oder bewirken, insbesondere

a)   die unmittelbare oder mittelbare Festsetzung der An- oder Verkaufspreise oder sonstiger Geschäftsbedingungen;

b)   die Einschränkung oder Kontrolle der Erzeugung, des Absatzes, der technischen Entwicklung oder der Investitionen;

c)   die Aufteilung der Märkte oder Versorgungsquellen;

d)   die Anwendung unterschiedlicher Bedingungen bei gleichwertigen Leistungen gegenüber Handelspartnern, wodurch diese im Wettbewerb benachteiligt werden;

e)   die an den Abschluss von Verträgen geknüpfte Bedingung, dass die Vertragspartner zusätzliche Leistungen annehmen, die weder sachlich noch nach Handelsbrauch in Beziehung zum Vertragsgegenstand stehen.

(2) Die nach diesem Artikel verbotenen Vereinbarungen oder Beschlüsse sind nichtig.

(3) Die Bestimmungen des Absatzes 1 können für nicht anwendbar erklärt werden auf

– Vereinbarungen oder Gruppen von Vereinbarungen zwischen Unternehmen,

– Beschlüsse oder Gruppen von Beschlüssen von Unternehmensvereinigungen,

– aufeinander abgestimmte Verhaltensweisen oder Gruppen von solchen,

die unter angemessener Beteiligung der Verbraucher an dem entstehenden Gewinn zur Verbesserung der Warenerzeugung oder -verteilung oder zur Förderung des technischen oder wirtschaftlichen Fortschritts beitragen, ohne dass den beteiligten Unternehmen

a) Beschränkungen auferlegt werden, die für die Verwirklichung dieser Ziele nicht unerlässlich sind, oder

b) Möglichkeiten eröffnet werden, für einen wesentlichen Teil der betreffenden Waren den Wettbewerb auszuschalten.

2. EG-Vertrag: Artikel 86 (Missbrauch einer marktbeherrschenden Stellung)

Mit dem Gemeinsamen Markt unvereinbar und verboten ist die missbräuchliche Ausnutzung einer beherrschenden Stellung auf dem Gemeinsamen Markt oder auf einem wesentlichen Teil desselben durch ein oder mehrere Unternehmen, soweit dies dazu führen kann, den Handel zwischen Mitgliedstaaten zu beeinträchtigen.

Dieser Missbrauch kann insbesondere in folgendem bestehen:

(a) der unmittelbaren oder mittelbaren Erzwingung von unangemessenen Einkaufs- oder Verkaufspreisen oder sonstigen Geschäftsbedingungen;

(b) der Einschränkung der Erzeugung, des Absatzes oder der technischen Entwicklung zum Schaden der Verbraucher;

(c) der Anwendung unterschiedlicher Bedingungen bei gleichwertigen Leistungen gegenüber Handelspartnern, wodurch diese im Wettbewerb benachteiligt werden;

(d) der an den Abschluss von Verträgen geknüpften Bedingung, dass die Vertragspartner zusätzliche Leistungen annehmen, die weder sachlich noch nach Handelsbrauch in Beziehung zum Vertragsgegenstand stehen.

3. Bagatellbekanntmachung der EG Kommission vom 3. September 1986 betreffend Vereinbarungen von geringer Bedeutung

Bekanntmachung der Kommission vom 3. September 1986 über Vereinbarungen von geringer Bedeutung, die nicht unter Artikel 85 Absatz 1 des Vertrages zur Gründung der Europäischen Wirtschaftsgemeinschaft fallen, in der Fassung vom 23. Dezember 1994

(1) Die Kommission sieht es als eine wichtige Aufgabe an, die Zusammenarbeit zwischen Unternehmen zu erleichtern, soweit sie wirtschaftlich erwünscht und wettbewerbspolitisch unbedenklich ist; dies gilt insbesondere für die Zusammenarbeit zwischen kleinen und mittleren Unternehmen. Deshalb veröffentlichte sie die Bekanntmachung über Vereinbarungen, Beschlüsse und aufeinander abgestimmte Verhaltensweisen, die eine zwischenbetriebliche Zusammenarbeit betreffen; diese Bekanntmachung führt eine Reihe von Vereinbarungen auf, die ihrer Natur nach nicht als Wettbewerbsbeschränkungen anzusehen sind. Ausserdem erklärte die Kommission in ihrer Bekanntmachung über die Beurteilung von Zulieferverträgen, dass Vereinbarungen dieser Art, die vor allem Entwicklungsmöglichkeiten für kleine und mittlere Unternehmen bieten, als solche nicht unter das Verbot des Artikels 85 Absatz 1 fallen. Mit der Bekanntmachung über Vereinbarungen von geringer Bedeutung unternimmt die Kommission einen weiteren Schritt zur

Abgrenzung des Anwendungsbereichs des Artikels 85 Absatz 1, um die Zusammenarbeit der kleinen und mittleren Unternehmen zu erleichtern.

(2) Nach Auffassung der Kommission fallen Vereinbarungen, die den Handel zwischen Mitgliedstaaten oder den Wettbewerb nur geringfügig beeinträchtigen, nicht unter das Kartellverbot des Artikels 85 Absatz 1. Vereinbarungen sind vielmehr nur verboten, wenn sie spürbare Auswirkungen auf die Marktverhältnisse haben, d.h. wenn die Marktstellung dritter Unternehmen und der Verbraucher, also deren Absatz- oder Versorgungsmöglichkeiten, spürbar verändert werden.

(3) Die Kommission hat in dieser Bekanntmachung den Begriff "spürbar" durch quantitative Kriterien und Hinweise zu deren Anwendung so konkretisiert, dass die Unternehmen selbst beurteilen können, ob die zwischen ihnen und anderen Unternehmen geschlossenen Vereinbarungen wegen ihrer geringen Bedeutung nicht unter Artikel 85 Absatz 1 fallen. Die von der Kommission gegebene quantitative Definition der Spürbarkeit hat jedoch keine ausschliessliche Bedeutung; vielmehr ist es im Einzelfall durchaus möglich, dass auch Vereinbarungen zwischen Unternehmen, welche die unten aufgeführten Schwellen überschreiten, den Handel zwischen Mitgliedstaaten oder den Wettbewerb unter Umständen nur geringfügig beeinträchtigen und deshalb nicht von Artikel 85 Absatz 1 erfasst werden.

(4) Mit dieser Bekanntmachung wird das Interesse der Unternehmen an der Erlangung eines Negativattests im Sinne von Artikel 2 der Verordnung Nr. 17 des Rates für die hier genannten Vereinbarungen entfallen und darüber hinaus auch kein Bedürfnis nach Klärung der Rechtslage durch Einzelentscheidungen der Kommission mehr bestehen; insoweit besteht auch kein Anlass zur Anmeldung derartiger Vereinbarungen. Sollten jedoch im Einzelfall Zweifel bestehen, ob eine Vereinbarung den Handel zwischen Mitgliedstaaten oder den Wettbewerb spürbar einschränkt, so haben die Unternehmen die Möglichkeit, ein Negativattest zu beantragen oder die Vereinbarungen anzumelden.

(5) In Fällen, die unter diese Bekanntmachung fallen, wird die Kommission in aller Regel weder von Amts wegen noch auf Antrag ein Verfahren aufgrund der Verordnung Nr. 17 einleiten. Wird eine Vereinbarung, die von dieser Bekanntmachung gedeckt ist, aufgrund aussergewöhnlicher Umstände gleichwohl von Artikel 85 Absatz 1 erfasst, so wird die Kommission keine Geldbussen festsetzen. Haben Unternehmer eine von Artikel 85 Absatz 1 erfasste Vereinbarung nicht angemeldet, weil sie wegen eines Irrtums bei der Berechnung ihres Marktanteils oder ihres Gesamtumsatzes annahmen, dass die Vereinbarung von dieser Bekanntmachung gedeckt sei, so wird die Kommission die Festsetzung von Geldbussen nicht in Betracht ziehen, es sei denn, dass der Irrtum fahrlässig begangen wurde.

(6) Diese Bekanntmachung lässt die Befugnis der Gerichte der Mitgliedstaaten unberührt, Artikel 85 Absatz 1 kraft eigener Zuständigkeit anzuwenden. Sie stellt jedoch einen Umstand dar, den diese Gerichte bei der Entscheidung der bei ihnen anhängigen Rechtsstreitigkeiten berücksichtigen können. Der Rechtsauffassung des Gerichtshofes der Europäischen Gemeinschaften wird durch diese Bekanntmachung nicht vorgegriffen.

II

(7) die Kommission ist der Auffassung, dass Vereinbarungen zwischen Unternehmen, deren Geschäftsbetrieb auf die Erzeugung oder den Absatz von Waren oder auf die Erbringung von Dienstleistungen gerichtet ist, regelmässig nicht unter das Verbot des Artikels 85 Absatz 1 fallen,

— wenn die Waren oder Dienstleistungen, die Gegenstand der Vereinbarung sind (im folgenden "Vertragsprodukte" genannt) und die sonstigen Waren oder Dienstleistungen der beteiligten Unternehmen, die vom Verbraucher auf Grund ihrer Eigenschaften, ihrer Preislage und ihres Verwendungszwecks als gleichartig angesehen werden, in dem Gebiet des Gemeinsamen Marktes, auf das sich die Vereinbarung auswirkt, nicht mehr als 5 % des Marktes sämtlicher dieser Waren oder Dienstleistungen (im folgenden "Produkte" genannt) ausmachen und

– wenn der Gesamtumsatz der beteiligten Unternehmen innerhalb eines Geschäftsjahres 300 Millionen ECU nicht überschreitet.

(8) Die Kommission ist auch der Auffassung, dass die vorgenannten Vereinbarungen selbst dann nicht unter das Verbot des Artikels 85 Absatz 1 fallen, wenn der vorgenannte Marktanteil oder Gesamtumsatz während zweier aufeinanderfolgender Geschäftsjahre um nicht mehr als ein Zehntel überschritten werden.

(9) Beteiligte Unternehmen im Sinne dieser Bekanntmachung sind:

a) die vertragschliessenden Unternehmen;

b) die Unternehmen, bei denen ein vertragschliessendes Unternehmen unmittelbar oder mittelbar

  – mehr als die Hälfte des Kapitals oder des Betriebsvermögens besitzt oder

  – über mehr als die Hälfte der Stimmrechte verfügt oder

  – mehr als die Hälfte der Mitglieder des Aufsichtsrats oder der zur gesetzlichen Vertretung berufenen Organe bestellen kann oder

  – das Recht hat, die Geschäfte des Unternehmens zu führen;

c) die Unternehmen, die bei einem vertragschliessenden Unternehmen unmittelbar oder mittelbar die unter Buchstabe b) bezeichneten Rechte oder Einflussmöglichkeiten haben.

d) die Unternehmen, bei denen ein oben unter Buchstabe c) genanntes Unternehmen unmittelbar oder mittelbar die unter Buchstabe b) bezeichneten Rechte oder Einflussmöglichkeiten hat.

Als beteiligte Unternehmen gelten auch solche, bei denen mehrere der oben unter den Buchstaben a) bis d) genannten Unternehmen jeweils gemeinsam unmittelbar oder mittelbar die oben in Buchstabe b) bezeichneten Rechte oder Einflussmöglichkeiten haben.

(10) Zur Berechnung des Marktanteils ist der relevante Markt zu bestimmen. Dabei sind der sachlich und der räumlich relevante Markt zu ermitteln.

(11) Der sachlich relevante Markt umfasst neben den Vertragsprodukten alle anderen mit ihnen identischen oder gleichwertigen Produkte. Nach dieser Regel sind sowohl die Produkte der beteiligten Unternehmen als auch der Markt der betreffenden Produkte zu ermitteln. Die betreffenden Produkte müssen untereinander austauschbar sein. Ob dies zutrifft, ist aus der Sicht der Verbraucher zu beurteilen, wobei die Eigenschaften der Produkte, ihre Preislage und ihr Verwendungszweck grundsätzlich gemeinsam zu berücksichtigen sind. Im Einzelfall können jedoch Produkte allein aufgrund ihrer Eigenschaften, ihrer Preislage oder ihres Verwendungszwecks einen besonderen Markt bilden. Dies gilt vor allem dann, wenn sich für sie Verbraucherpräferenzen entwickelt haben.

(12) Sind die Vertragsprodukte Komponenten, die von den beteiligten Unternehmen in andere Produkte eingefügt werden, so ist der Markt der letztgenannten Produkte zugrunde zu legen, falls die Komponenten einen wesentlichen Teil dieser Produkte bilden. Sind die Vertragsprodukte Komponenten, die an dritte Unternehmen verkauft werden, so ist der Markt für die Komponenten zugrunde zu legen. Trifft sowohl das eine wie das andere zu, so sind beide Märkte getrennt zu berücksichtigen.

(13) Räumlich relevanter Markt ist das Gebiet innerhalb der Gemeinschaft, in welchem sich die Vereinbarung auswirkt. Er umfasst das Gesamtgebiet des Gemeinsamen Marktes, wenn die Vertragsprodukte in allen Mitgliedstaaten regelmässig angeboten und nachgefragt werden. Können die Vertragsprodukte in einem Teilgebiet des Gemeinsamen Marktes nicht angeboten und nachgefragt werden oder werden sie dort nur in beschränktem Umfang oder unregelmässig angeboten und nachgefragt, so ist dieses Teilgebiet nicht zu berücksichtigen.

(14) Der räumlich relevante Markt ist vor allem dann enger als das Gesamtgebiet des Gemeinsamen Marktes,

– wenn Art und Eigenschaften des Vertragsprodukts – wie etwa hohe Transportkosten im Verhältnis zu seinem Wert – dessen Mobilität beschränken oder

– wenn der Verkehr des Vertragsprodukts innerhalb des Gemeinsamen Marktes durch staatliche Massnahmen, die den Zutritt zu nationalen Märkten beschränken – wie etwa mengenmäßige Beschränkungen, bedeutende Steuerunterschiede oder nichttarifäre Handelshemmnisse in Form von Vorschriften über Typenzulassungen oder Sicherheitsanforderungen – behindert wird. Das Bestehen derartiger Schranken kann dazu führen, dass das Gebiet eines Mitgliedstaates der räumlich relevanten Markt bildet. Eine solche Annahme ist jedoch nur dann gerechtfertigt, wenn diese Schranken durch zumutbare Anstrengungen und unter zumutbaren Kosten nicht überwunden werden können.

(15) Für die Berechnung des Gesamtumsatzes sind die Umsätze zusammenzuzählen, welche die beteiligten Unternehmen im letzten Geschäftsjahr mit allen Waren und Dienstleistungen vor Steuer erzielt haben. Hat ein Unternehmen auf dem relevanten Markt gleichartige Vereinbarungen mit verschiedenen anderen Unternehmen getroffen, so sind die Umsätze aller beteiligten Unternehmen zusammenzuzählen. Dabei werden Umsätze zwischen den beteiligten Unternehmen nicht mitgezählt.

(16) Diese Bekanntmachung findet keine Anwendung, wenn der Wettbewerb auf dem relevanten Markt durch die kumulativen Auswirkungen nebeneinanderbestehender Netze gleichartiger Vereinbarungen beschränkt wird, die von mehreren Herstellern oder Händlern errichtet worden sind.

(17) Diese Bekanntmachung gilt auch für Beschlüsse von Unternehmensvereinigungen und für aufeinander abgestimmte Verhaltensweisen.

4. Gruppenfreistellungsverordnung Nr. 1983/83 der EG Kommission vom 22. Juni 1983 betreffend Alleinvertriebsvereinbarungen

Verordnung (EWG) Nr. 1983/83 der Kommission vom 22. Juni 1983

über die Anwendung von Artikel 85 Absatz 3 des Vertrages auf Gruppen von Alleinvertriebsvereinbarungen

DIE KOMMISSION DER EUROPÄISCHEN GEMEINSCHAFTEN

gestützt auf den Vertrag zur Gründung der Europäischen Wirtschaftsgemeinschaft,

gestützt auf die Verordnung Nr. 19/65/EWG des Rates vom 2. März 1965 über die Anwendung von Artikel 85 Absatz 3 des Vertrages auf Gruppen von Vereinbarungen und aufeinander abgestimmten Verhaltensweisen, zuletzt geändert durch die Akte über den Beitritt Griechenlands, insbesondere auf Artikel 1,

nach Veröffentlichung des Verordnungsentwurfs (2),

nach Anhörung des Beratenden Ausschusses für Kartell- und Monopolfragen,

in Erwägung nachstehender Gründe:

(1) Die Kommission ist nach der Verordnung Nr. 19/65/EWG ermächtigt, durch Verordnung Artikel 85 Absatz 3 des Vertrages auf bestimmte unter Artikel 85 Absatz 1 fallende Gruppen von zweiseitigen Alleinvertriebsvereinbarungen und entsprechenden aufeinander abgestimmten Verhaltensweisen anzuwenden.

(2) Aufgrund der bisher gewonnenen Erfahrungen lässt sich eine Gruppe von Vereinbarungen und aufeinander abgestimmten Verhaltens-

weisen bestimmen, für welche die Voraussetzungen des Artikels 85 Absatz 3 regelmässig als erfüllt angesehen werden können.

(3) Alleinvertriebsvereinbarungen der in Artikel 1 dieser Verordnung umschriebenen Gruppe können unter das Verbot des Artikels 85 Absatz 1 des Vertrages fallen. Auf Alleinvertriebsvereinbarungen, an denen ausschliesslich Unternehmen aus einem Mitgliedstaat beteiligt sind und die den Weiterverkauf von Waren innerhalb dieses Mitgliedstaats betreffen, wird das zwar nur ausnahmsweise zutreffen. Soweit derartige Vereinbarungen jedoch geeignet sind, den Handel zwischen Mitgliedstaaten zu beeinträchtigen und darüber hinaus allen in dieser Verordnung genannten Voraussetzungen entsprechen, besteht kein Anlass, ihnen den Rechtsvorteil der Gruppenfreistellung vorzuenthalten.

(4) Es ist nicht erforderlich, diejenigen Vereinbarungen, welche den Tatbestand des Artikels 85 Absatz 1 des Vertrages nicht erfüllen, ausdrücklich von der umschriebenen Gruppe auszunehmen.

(5) Alleinvertriebsvereinbarungen haben im allgemeinen eine Verbesserung der Verteilung zur Folge, weil der Unternehmer seine Verkaufstätigkeit konzentrieren kann, nicht eine Vielzahl von Geschäftsverbindungen mit einer grösseren Anzahl von Händlern zu unterhalten braucht und durch den Geschäftsverkehr mit nur einem Händler Absatzschwierigkeiten, die sich im grenzüberschreitenden Verkehr aus sprachlichen, rechtlichen und sonstigen Unterschieden ergeben, leichter überwinden kann.

(6) Alleinvertriebsvereinbarungen erleichtern die Absatzförderung einer Ware und führen zu einer intensiven Bearbeitung des Marktes und einer kontinuierlichen Versorgung unter gleichzeitiger Rationalisierung der Verteilung. Sie stärken zugleich den Wettbewerb zwischen Erzeugnissen verschiedener Hersteller. Die Bestellung eines Alleinvertriebshändlers, der Aufwendungen für Absatzförderung, Kundendienst und Lagerhaltung übernimmt, ist für den Hersteller oft das wirksamste und manchmal sogar das einzige Mittel, um in einen Markt einzudringen und sich dort im Wettbewerb mit anderen Herstellern zu behaupten.

Letzteres trifft vor allem auf kleine und mittlere Unternehmen zu. Es muss den Vertragspartnern überlassen bleiben, ob und inwieweit sie absatzfördernde Verpflichtungen in ihre Vereinbarungen aufnehmen wollen.

(7) Derartige Alleinvertriebsvereinbarungen tragen in der Regel auch zu einer angemessenen Beteiligung der Verbraucher an dem entstehenden Gewinn bei, weil ihnen die Verbesserung der Verteilung unmittelbar zugute kommt und ihre wirtschaftliche und versorgungsmässige Situation dadurch verbessert wird, dass sie insbesondere in anderen Staaten hergestellte Erzeugnisse rascher und bequemer beziehen können.

(8) Die Verordnung muss die wettbewerbsbeschränkenden Verpflichtungen bestimmen, die in einer Alleinvertriebsvereinbarung enthalten sein dürfen. Die in dieser Verordnung neben der Alleinbelieferungspflicht zugelassenen Wettbewerbsbeschränkungen führen zu einer klaren Aufgabenverteilung zwischen den Vertragspartnern und zwingen den Alleinvertriebshändler, seine Verkaufsbemühungen auf die Vertragswaren und auf das Vertragsgebiet zu konzentrieren. Sie sind, falls sie nur für die Laufzeit des Vertrages vereinbart werden, regelmässig erforderlich, um die mit dem Alleinvertrieb angestrebte Verbesserung der Warenverteilung zu erreichen. Es kann den Vertragspartnern überlassen bleiben, welche dieser Bestimmungen sie im einzelnen in ihre Vereinbarungen aufnehmen. Weitere wettbewerbsbeschränkende Verpflichtungen, insbesondere solche, die den Alleinvertriebshändler in der Freiheit der Gestaltung von Preisen und Geschäftsbedingungen oder der Wahl seiner Kunden beschränken, können nach dieser Verordnung dagegen nicht freigestellt werden.

(9) Die Gruppenfreistellung ist auf Vereinbarungen zu beschränken, von denen mit hinreichender Sicherheit angenommen werden kann, dass sie den in Artikel 85 Absatz 3 des Vertrages genannten Voraussetzungen entsprechen.

(10) Ohne eine Prüfung im Einzelfall lässt sich nicht feststellen, dass ausreichende Verbesserungen der Warenverteilung auch dann eintreten,

wenn ein Hersteller den Alleinvertrieb seiner Waren einem anderen mit ihm im Wettbewerb stehenden Hersteller überträgt. Es ist daher angezeigt, solche Vereinbarungen von der Gruppenfreistellung auszuschliessen. Zugunsten kleiner und mittlerer Unternehmen können jedoch bestimmte Abweichungen von dieser Regel zugelassen werden.

(11) Eine angemessene Beteiligung der Verbraucher an den durch den Alleinvertrieb entstehenden Vorteilen ist nur dann gewährleistet, wenn Parallelimporte möglich bleiben. Vereinbarungen über Waren, welche die Verbraucher nur vom Alleinvertriebshändler beziehen können, sind daher von der Gruppenfreistellung auszuschliessen. Es kann auch nicht hingenommen werden, dass die Vertragspartner gewerbliche Schutzrechte oder sonstige Rechte missbrauchen, um einen absoluten Gebietsschutz herbeizuführen. Dadurch wird das Verhältnis zwischen den Wettbewerbsregeln und den gewerblichen Schutzrechten nicht präjudiziert, da hier nur die Voraussetzungen für die Gruppenfreistellung festgelegt werden.

(12) Da durch die Möglichkeit von Parallelimporten der Wettbewerb auf der Handelsstufe gewährleistet ist, wird durch die unter diese Verordnung fallenden Alleinvertriebsvereinbarungen in der Regel keine Möglichkeit eröffnet, für einen wesentlichen Teil der betreffenden Waren den Wettbewerb auszuschalten. Das gilt auch für Vereinbarungen, die dem Alleinvertriebshändler den gesamten Markt als Vertragsgebiet zuweisen.

(13) Sollten im Einzelfall Vereinbarungen oder aufeinander abgestimmte Verhaltensweisen, die unter diese Verordnung fallen, gleichwohl Wirkungen haben, die mit den in Artikel 85 Absatz 3 des Vertrages vorgesehenen Voraussetzungen unvereinbar sind, so kann die Kommission den beteiligten Unternehmen den Rechtsvorteil der Gruppenfreistellung entziehen.

(14) Vereinbarungen und aufeinander abgestimmte Verhaltensweisen, welche die Voraussetzungen dieser Verordnung erfüllen, brauchen nicht angemeldet zu werden. Es bleibt den Unternehmen jedoch unbe-

nommen, im Einzelfall bei ernsthaftem Zweifel von der Kommission eine Erklärung über die Vereinbarkeit ihrer Absprachen mit dieser Verordnung zu verlangen.

(15) Diese Verordnung lässt die Anwendbarkeit der Verordnung (EWG) Nr. 3604/82 der Kommission vom 23. Dezember 1982 über die Anwendung von Artikel 85 Absatz 3 des Vertrages auf Gruppen von Spezialisierungsvereinbarungen unberührt. Sie schliesst die Anwendung von Artikel 86 des Vertrages nicht aus –

Hat folgende Verordnung erlassen:

Artikel 1
Artikel 85 Absatz 1 des Vertrages wird gemäss Artikel 85 Absatz 3 unter den in dieser Verordnung genannten Voraussetzungen auf Vereinbarungen für nicht anwendbar erklärt, an denen nur zwei Unternehmen beteiligt sind, und in denen sich der eine Vertragspartner dem anderen gegenüber verpflichtet, zum Zwecke des Weiterverkaufs im Gesamtgebiet oder in einem abgegrenzten Teilgebiet der Gemeinschaft bestimmte Waren nur an ihn zu liefern.

Artikel 2
(1) Dem Lieferanten dürfen ausser der in Artikel 1 genannten Verpflichtung keine anderen Wettbewerbsbeschränkungen auferlegt werden als die Verpflichtung, im Vertragsgebiet Verbraucher nicht mit Vertragswaren zu beliefern.

(2) Dem Alleinvertriebshändler dürfen keine anderen Wettbewerbsbeschränkungen auferlegt werden als

a) die Verpflichtung, mit den Vertragswaren im Wettbewerb stehende Waren nicht herzustellen oder zu vertreiben;

b) die Verpflichtung, Vertragswaren zum Zwecke des Weiterverkaufs nur von dem anderen Vertragspartner zu beziehen;

c) die Verpflichtung, ausserhalb seines Vertragsgebiets für die Vertragswaren keine Kunden zu werben, keine Niederlassung einzurichten und keine Auslieferungslager zu unterhalten.

(3) Der Anwendbarkeit des Artikels 1 stehen folgende Verpflichtungen des Alleinvertriebshändlers nicht entgegen:

a) vollständige Warensortimente oder Mindestmengen abzunehmen;

b) Vertragswaren unter den Warenzeichen oder in der Ausstattung zu vertreiben, die der andere Vertragspartner vorschreibt;

c) vertriebsfördernde Massnahmen zu ergreifen, insbesondere

  – Werbung zu treiben,

  – ein Verkaufsnetz oder ein Lager zu unterhalten,

  – Kundendienst und Garantieleistungen zu gewähren,

  – fachlich oder technisch geschultes Personal zu verwenden.

Artikel 3

Artikel 1 ist nicht anwendbar, wenn

a) Hersteller von gleichen Waren oder solchen, die vom Verbraucher aufgrund ihrer Eigenschaften, ihrer Preislage und ihres Verwendungszwecks als gleichartig angesehen werden, untereinander wechselseitige Alleinvertriebsvereinbarungen über diese Waren treffen;

b) Hersteller von gleichen Waren oder solchen, die vom Verbraucher aufgrund ihrer Eigenschaften, ihrer Preislage und ihres Verwendungszwecks als gleichartig angesehen werden, untereinander nichtwechselseitige Alleinvertriebsvereinbarungen über diese Waren treffen, es sei denn, dass mindestens einer der Vertragspartner einen jährlichen Gesamtumsatz von nicht mehr als 100 Millionen Europäischen Währungseinheiten (ECU) erzielt;

c) die Verbraucher die Vertragswaren innerhalb des Vertragsgebiets nur von dem Alleinvertriebshändler beziehen können und auch ausserhalb des Vertragsgebiets keine alternativen Versorgungsquellen vorhanden sind;

d) die Vertragspartner oder einer von ihnen es Zwischenhändlern oder Verbrauchern erschweren, die Vertragswaren von anderen Händlern innerhalb des Gemeinsamen Marktes oder, sofern dort keine alternativen Versorgungsquellen vorhanden sind, ausserhalb des Gemeinsamen Marktes zu beziehen, insbesondere wenn sie

1. gewerbliche Schutzrechte ausüben, um Händler oder Verbraucher daran zu hindern, rechtmässig gekennzeichnete oder rechtmässig in Verkehr gebrachte Vertragswaren ausserhalb des Vertragsgebiets zu beziehen oder im Vertragsgebiet zu veräussern;

2. sonstige Rechte ausüben oder Massnahmen treffen, um Händler oder Verbraucher daran zu hindern, Vertragswaren ausserhalb des Vertragsgebiets zu beziehen oder im Vertragsgebiet zu veräussern.

Artikel 4

(1) Artikel 3 Buchstaben a) und b) bleiben anwendbar, wenn die dort bezeichneten Waren von einem mit dem vertragschliessenden Unternehmen verbundenen Unternehmen hergestellt werden.

(2) Verbundene Unternehmen sind

a) die Unternehmen, bei denen ein vertragschliessendes Unternehmen unmittelbar oder mittelbar

— mehr als die Hälfte des Kapitals oder des Betriebsvermögens besitzt oder

— über mehr als die Hälfte der Stimmrechte verfügt oder

— mehr als die Hälfte der Mitglieder des Aufsichtsrats oder der zur gesetzlichen Vertretung berufenen Organe bestellen kann oder

— das Recht hat, die Geschäfte des Unternehmens zu führen;

b) die Unternehmen, die bei einem vertragschliessenden Unternehmen unmittelbar oder mittelbar die unter Buchstabe a) bezeichneten Rechte oder Einflussmöglichkeiten haben;

c) die Unternehmen, bei denen ein unter Buchstabe b) genanntes Unternehmen unmittelbar oder mittelbar die unter Buchstabe a) bezeichneten Rechte oder Einflussmöglichkeiten hat.

(3) Unternehmen, bei denen die vertragschliessenden oder mit ihnen verbundene Unternehmen gemeinsam die in Absatz 2 Buchstabe a) bezeichneten Rechte oder Einflussmöglichkeiten haben, gelten als mit jedem der vertragschliessenden Unternehmen verbunden.

Artikel 5

(1) Für die Anwendung von Artikel 3 Buchstabe b) gilt die für die Aufstellung des Haushaltsplans der Gemeinschaft nach den Artikeln 207 und 209 des Vertrages vorgesehene Europäische Währungseinheit (ECU).

(2) Artikel 1 bleibt anwendbar, wenn der in Artikel 3 Buchstabe b) genannte Gesamtumsatz innerhalb von zwei aufeinanderfolgenden Geschäftsjahren um nicht mehr als 10 v.H. überschritten wird.

(3) Für die Berechnung des Gesamtumsatzes im Sinne von Artikel 3 Buchstabe b) sind die Umsätze zusammenzuzählen, die das vertragschliessende und die mit ihm verbundenen Unternehmen im letzten Geschäftsjahr mit allen Waren und Dienstleistungen vor Steuern und sonstigen Abgaben erzielt haben. Dabei werden Umsätze zwischen dem vertragschliessenden und den mit ihm verbundenen Unternehmen und solche zwischen den verbundenen Unternehmen nicht mitgezählt.

Artikel 6

Die Kommission kann den Vorteil der Anwendung dieser Verordnung gemäss Artikel 7 der Verordnung Nr. 19/65/EWG entziehen, wenn sie in einem Einzelfall feststellt, dass eine nach dieser Verordnung freigestellte Vereinbarung gleichwohl Wirkungen hat, die mit den in Artikel 85

Absatz 3 des Vertrages vorgesehenen Voraussetzungen unvereinbar sind, insbesondere dann, wenn

a) die Vertragswaren im Vertragsgebiet nicht mit gleichen Waren oder solchen, die vom Verbraucher aufgrund ihrer Eigenschaften, ihrer Preislage und ihres Verwendungszwecks als gleichartig angesehen werden, in wirksamem Wettbewerb stehen;

b) anderen Lieferanten der Zugang zu den einzelnen Vertriebsstufen im Vertragsgebiet wesentlich erschwert wird;

c) Zwischenhändler oder Verbraucher aus anderen als den in Artikel 3 Buchstaben c) und d) genannten Gründen die Vertragswaren nicht von Händlern ausserhalb des Vertragsgebiets zu den dort üblichen Marktbedingungen beziehen können;

d) der Alleinvertriebshändler

1. ohne sachlich gerechtfertigten Grund in seinem Vertragsgebiet Gruppen von Abnehmern, denen ein anderweitiger Bezug von Vertragswaren zu angemessenen Bedingungen nicht möglich ist, von der Belieferung ausschliesst oder ihnen gegenüber unterschiedliche Preise oder Verkaufsbedingungen anwendet;

2. die Vertragswaren zu unverhältnismässig hohen Preisen verkauft.

Artikel 7

Das Verbot des Artikels 85 Absatz 1 des Vertrages gilt in der Zeit vom 1. Juli 1983 bis zum 31. Dezember 1986 nicht für Vereinbarungen, die am 1. Juli.1983 bereits in Kraft sind oder zwischen dem 1. Juli 1983 und dem 31. Dezember 1983 in Kraft treten und die Voraussetzungen für eine Freistellung nach der Verordnung Nr. 67/67/EWG erfüllen.

Artikel 8

Diese Verordnung findet keine Anwendung auf Vereinbarungen, die zum Zweck des Weiterverkaufs von Getränken in Gaststätten oder von Mineralölerzeugnissen in Abfüllstationen geschlossen werden.

Artikel 9
Die Vorschriften dieser Verordnung finden entsprechende Anwendung auf aufeinander abgestimmte Verhaltensweisen der in Artikel 1 bezeichneten Art.

Artikel 10
Diese Verordnung tritt am 1. Juli 1983 in Kraft.

Sie gilt bis zum 31. Dezember 1997.

Diese Verordnung ist in allen ihren Teilen verbindlich und gilt unmittelbar in jedem Mitgliedstaat.

Brüssel, den 22. Juni 1983

Für die Kommission
Frans Andriessen
Mitglied der Kommission

5. Bekanntmachung der EG Kommission zu den Gruppenfreistellungsverordnungen Nr. 1983/83 und Nr. 1984/83 vom 22. Juni 1983

Bekanntmachung zu den Verordnungen (EWG) Nr. 1983/83 und 1984/83 der Kommission vom 22. Juni 1983 über die Anwendung von Art. 85 Absatz 3 des Vertrages auf Gruppen von Alleinvertriebsvereinbarungen beziehungsweise Alleinbezugsvereinbarungen, in der Fassung vom 13. Mai 1992

I.   Einleitende Bemerkungen

(1) Die Verordnung Nr. 67/67/EWG der Kommission vom 22. März 1967 über die Anwendung von Artikel 85 Absatz 3 des Vertrages auf Gruppen von Alleinvertriebsvereinbarungen ist nach mehr als fünfzehnjähriger Laufzeit am 30. Juni 1983 ausser Kraft getreten. Durch den

Erlass der Verordnungen (EWG) Nr. 1983/83 und Nr. 1984/83 hat die Kommission die Gruppenfreistellung von Alleinvertriebs- und Alleinbezugsvereinbarungen der fortschreitenden Entwicklung des Gemeinsamen Marktes und des Gemeinschaftsrechts angepasst. Diese Verordnungen enthalten eine Reihe von neuen Vorschriften. Es ist daher angezeigt, bestimmte Klarstellungen vorzunehmen. Sie sollen es den Unternehmen erleichtern, ihre Vertragspraxis der geänderten Rechtslage anzupassen, und zugleich zu einer einheitlichen Anwendung der Verordnungen in allen Mitgliedstaaten beitragen.

(2) Bei der praktischen Rechtsanwendung ist neben dem Wortlaut und Sinn der jeweiligen Vorschrift insbesondere deren Zweck zu beachten, wie er sich aus den Begründungserwägungen zu den Verordnungen ergibt. Als weitere Auslegungshilfe sind die durch die Rechtsprechung des Gerichtshofes der Europäischen Gemeinschaften und durch Einzelfallentscheidungen der Kommission entwickelten Rechtsgrundsätze heranzuziehen.

(3) Im folgenden legt die Kommission die wesentlichen Gesichtspunkte dar, nach denen sie beurteilt, ob eine Alleinvertriebsvereinbarung oder Alleinbezugsvereinbarung von der Gruppenfreistellung gedeckt ist. Diese Bekanntmachung lässt die Befugnis der Gerichte der Mitgliedstaaten unberührt, die Verordnungen kraft eigener Zuständigkeit anzuwenden. Sie stellt jedoch einen Umstand dar, den diese Gerichte bei der Entscheidung der bei ihnen anhängigen Rechtsstreitigkeiten berücksichtigen können. Der Rechtsauffassung des Gerichtshofes wird durch diese Bekanntmachung nicht vorgegriffen.

II. Alleinvertriebsvereinbarungen und Alleinbezugsvereinbarungen
(Verordnungen (EWG) Nr. 1983/83 und Nr. 1984/83)

1. Gemeinsamkeiten und Unterschiede

(4) Gegenstand der Verordnungen (EWG) Nr. 1983/83 und Nr. 1984/83 sind Ausschliesslichkeitsvereinbarungen zwischen zwei Unternehmen,

die zum Zweck des Weiterverkaufs von Waren getroffen werden. Jede
der Verordnungen regelt einen bestimmten Typ dieser Vereinbarungen.
Die Verordnung (EWG) Nr. 1983/83 gilt für Alleinvertriebsvereinbarungen, die Verordnung (EWG) Nr. 1984/83 für Alleinbezugsvereinbarungen. Alleinvertriebsvereinbarungen zeichnen sich dadurch aus,
dass der eine Vertragspartner, der Lieferant, dem anderen Vertragspartner, dem Wiederverkäufer, ein abgegrenztes Vertragsgebiet zuweist, auf
das dieser seine Absatzbemühungen zu konzentrieren hat, und sich
seinerseits verpflichtet, in diesem Gebiet keine anderen Wiederverkäufer
mit Vertragswaren zu beliefern. In Alleinbezugsvereinbarungen verpflichtet sich der Wiederverkäufer, Vertragswaren von keinem anderen
Lieferanten als dem Vertragspartner zu beziehen. Dieser ist berechtigt,
in demselben Absatzgebiet und auf derselben Vertriebsstufe mehrere
Wiederverkäufer zu beliefern. Im Gegensatz zum Alleinvertriebshändler
geniesst der zum Alleinbezug verpflichtete Wiederverkäufer keinen
Schutz vor Wettbewerbshandlungen anderer Wiederverkäufer, welche
die Vertragswaren ebenso wie er unmittelbar von dem Lieferanten erhalten. Dafür bleibt er bei seinen Absatzbemühungen frei von gebietlichen
Beschränkungen.

(5) Ihrem gemeinsamen Ausgangspunkt entsprechend sehen die Verordnungen grossenteils gleiche oder gleichartige Regelungen vor. Dies gilt
für die Grundsatzvorschrift des Artikels 1, wo mit der Alleinbelieferungspflicht und der Alleinbezugspflicht der jeweilige Gegenstand der
Gruppenfreistellung umschrieben wird, für die abschliessende Liste von
Wettbewerbsbeschränkungen, die neben der Alleinbelieferungspflicht
oder der Alleinbezugspflicht vereinbart werden können (Artikel 2
Absätze 1 und 2), für die beispielhafte Aufzählung von Verpflichtungen,
die der Gruppenfreistellung nicht entgegenstehen (Artikel 2 Absatz 3),
für die grundsätzliche Unanwendbarkeit der Gruppenfreistellung auf
Ausschliesslichkeitsvereinbarungen zwischen konkurrierenden Herstellern (Artikel 3 Buchstaben a) und b), Artikel 4 und Artikel 5), für
den Widerruf der Gruppenfreistellung im Einzelfall (Artikel 6 Verordnung (EWG) Nr. 1983/83; Artikel 14 Verordnung (EWG) Nr. 1984/83),
für die Übergangsvorschriften (Artikel 7 Verordnung (EWG) Nr. 1983/

83; Artikel 15 Absatz 1 Verordnung (EWG) Nr. 1984/83) sowie für die Einbeziehung aufeinander abgestimmter Verhaltensweisen in den Geltungsbereich der Verordnungen (Artikel 9 Verordnung (EWG) Nr. 1983/83; Artikel 18 Verordnung (EWG) Nr. 1984/83). Diese Vorschriften sind, soweit es ihr Wortlaut erlaubt, im gleichen Sinne auszulegen.

(6) Unterschiedliche Regelungen sehen die Verordnungen überall dort vor, wo sie der Eigenart der Alleinvertriebsvereinbarung oder der Alleinbezugsvereinbarung Rechnung tragen. Dieser Gesichtspunkt bestimmt einerseits die Vorschriften über die Verpflichtung des Alleinvertriebshändlers, ausserhalb seines Vertragsgebiets keine aktive Verkaufspolitik zu entfalten (Artikel 2 Absatz 2 Buchstabe c) Verordnung (EWG) Nr. 1983/83), und über die Unanwendbarkeit der Gruppenfreistellung auf Vereinbarungen, die dem Alleinvertriebshändler zu einem absoluten Gebietsschutz verhelfen (Artikel 3 Buchstaben c) und d) Verordnung (EWG) Nr. 1983/83) sowie andererseits die Vorschriften über die Begrenzung der Gruppenfreistellung für Alleinbezugsvereinbarungen im allgemeinen (Artikel 3 Buchstaben c) und d) Verordnung (EWG) Nr. 1984/83) und für Bierlieferungs- und Tankstellenverträge im besonderen (Titel II und III der Verordnung (EWG) Nr. 1984/83).

(7) Der sachliche Anwendungsbereich der beiden Verordnungen ist in der Weise umschrieben worden, dass Überschneidungen ausgeschlossen sind (Artikel 16 Verordnung (EWG) Nr. 1984/83).

2. Grundsatzvorschrift

(Artikel 1)

(8) Beide Verordnungen erfassen nur Vereinbarungen, die zum Zweck des Weiterverkaufs von Waren geschlossen werden und an denen nicht mehr als zwei Unternehmen beteiligt sind.

a) "zum Zweck des Weiterverkaufs"

(9) Der Begriff des Weiterverkaufs setzt voraus, dass die betreffenden Waren von dem beziehenden Vertragspartner gegen Entgelt an Dritte veräussert werden. Vereinbarungen über die Lieferung oder den Bezug

von Waren, die der beziehende Vertragspartner zu anderen Waren
verarbeitet oder weiterverarbeitet oder die er bei der Herstellung anderer
Waren benutzt oder verbraucht, sind nicht zum Zweck des Weiterverkaufs geschlossen. Dasselbe gilt für die Lieferung von Teilen, die mit
anderen Teilen zu einem neuen Erzeugnis zusammengesetzt werden.
Erforderlich ist vielmehr, dass die von dem Wiederverkäufer vertriebe-
nen Waren mit den Waren übereinstimmen, die ihm der andere Vertragspartner zu diesem Zweck geliefert hat. Diese wirtschaftliche Identität
wird nicht dadurch beeinträchtigt, dass der Wiederverkäufer die ihm
gelieferten Waren vor der Weitergabe abpackt, umpackt, abfüllt oder
umfüllt.

(10) Erbringt der Wiederverkäufer zusätzliche Leistungen, um die
Qualität, die Haltbarkeit, das Aussehen oder den Geschmack der Waren
zu verbessern (z.B. Rostschutzbehandlung von Metallen, Sterilisierung
von Nahrungsmitteln, Zusatz von Farb- oder Aromastoffen zu Arznei-
mitteln), so kommt es entscheidend auf den Umfang der durch die Bearbeitung oder Behandlung der Waren erzielten Wertsteigerung an. Ein
nur geringfügiger Wertzuwachs steht der Annahme einer wirtschaftlichen Identität der betreffenden Waren nicht entgegen. Bei der Abgrenzung im Einzelfall ist insbesondere die Verkehrsauffassung zu berücksichtigen. Nach den gleichen Massstäben beurteilt die Kommission
Vereinbarungen, die den Wiederverkäufer verpflichten, ein ihm von
dem Vertragspartner geliefertes Konzentrat mit Wasser, reinem Alkohol
oder anderen Flüssigkeiten zu einem Getränk abzufüllen.

b)   **"von Waren"**

(11) Ausschliesslichkeitsvereinbarungen, die statt des Weiterverkaufs
von Waren die Leistung von Diensten zum Gegenstand haben, fallen
nicht in den Geltungsbereich der Verordnungen. Erbringt der Wiederverkäufer im Zusammenhang mit dem Weiterverkauf der Waren
Kundendienstleistungen, so steht dies der Gruppenfreistellung nicht entgegen. Die Grenzen der Anwendbarkeit der Verordnungen werden
jedoch dann überschritten, wenn für die Dienstleistung höhere Entgelte
als für die Waren zu zahlen sind.

(12) Die entgeltliche Gebrauchsüberlassung steht wirtschaftlich dem Weiterverkauf von Waren näher als der Leistung von Diensten. Die Kommission geht deshalb davon aus, dass Ausschliesslichkeitsvereinbarungen, die den beziehenden Vertragspartner verpflichten, die ihm gelieferten Waren Dritten zu vermieten oder auf der Grundlage eines Leasings zur Verfügung zu stellen, von den Verordnungen miterfasst werden.

c)   **"nur zwei Unternehmen beteiligt"**

(13) Die Gruppenfreistellung setzt voraus, dass sich an der Alleinvertriebsvereinbarung oder Alleinbezugsvereinbarung jeweils nur ein Lieferant und ein Wiederverkäufer beteiligen. Mehrere Unternehmen, die eine wirtschaftliche Einheit bilden, sind wie ein einziges Unternehmen zu behandeln.

(14) Die Begrenzung der Zahl der beteiligten Unternehmen gilt nur für die einzelne Vereinbarung. Der Lieferant verliert den Rechtsvorteil der Gruppenfreistellung nicht dadurch, dass er Alleinvertriebs- oder Alleinbezugsvereinbarungen über dieselben Waren mit mehreren Wiederverkäufern schliesst.

(15) Der Lieferant kann sich zur Erfüllung seiner vertraglichen Pflichten eines mit ihm verbundenen oder eines von ihm unabhängigen Unternehmens bedienen, das er mit der Verteilung seiner Waren beauftragt hat, so dass der Wiederverkäufer die Vertragswaren von dem letztgenannten Unternehmen abzunehmen hat. Diese Regel wird zwar nur in der Verordnung (EWG) Nr. 1984/83 (Artikel 1, 6, 10) ausdrücklich erwähnt, weil sich das Problem der Einschaltung eines Erfüllungsgehilfen vor allem im Zusammenhang mit Alleinbezugsvereinbarungen stellt. Sie gilt aber auch für Alleinvertriebsvereinbarungen im Sinne der Verordnung (EWG) Nr. 1983/83.

(16) Die Mitwirkung anderer als der vertragschliessenden Unternehmen muss sich auf die Durchführung des Liefergeschäfts beschränken. Alleinbelieferungs- oder Alleinbezugspflichten dürfen nur zu Lasten des jeweiligen Vertragspartners, nicht dagegen zu Lasten Dritter begründet werden, weil sonst mehr als zwei Unternehmen an der Verein-

barung beteiligt wären. Die Verpflichtung der Vertragspartner, dafür Sorge zu tragen, dass die von ihnen übernommenen Verpflichtungen auch von den mit ihnen verbundenen Unternehmen beachtet werden, wird indessen von der Gruppenfreistellung gedeckt.

3. Mitfreigestellte Wettbewerbsbeschränkungen
(Artikel 2 Absätze 1 und 2)

(17) Neben der in Artikel 1 umschriebenen, für die Anwendung der Gruppenfreistellung unerlässlichen Verpflichtung zur Alleinbelieferung (Verordnung (EWG) Nr. 1983/83) oder zum Alleinbezug (Verordnung (EWG) Nr. 1984/83) dürfen die Vertragspartner lediglich die in Artikel 2 Absätze 1 und 2 aufgeführten Wettbewerbsbeschränkungen vereinbaren. Übernehmen sie weitere wettbewerbsbeschränkende Verpflichtungen, so ist die Vereinbarung insgesamt nicht mehr von der Gruppenfreistellung gedeckt und bedarf deshalb der Einzelfreistellung. Der Rahmen der Verordnungen wird insbesondere dann gesprengt, wenn sich die Vertragspartner der Möglichkeit zu eigenverantwortlicher Gestaltung von Preisen und Geschäftsbedingungen begeben oder sich verpflichten, grenzüberschreitende Lieferungen, die nach den Vorschriften der Verordnungen nicht erschwert werden dürfen, zu unterlassen oder sogar zu unterbinden. Grundsätzlich unzulässig sind nach diesen Vorschriften auch Vertragsklauseln, die den Wiederverkäufer an der freien Wahl seiner Kunden hindern.

(18) Die von den Verordnungen mitfreigestellten wettbewerbsbeschränkenden Verpflichtungen dürfen nur für die Dauer des Vertrages vereinbart werden. Dies gilt auch für die dem Lieferanten oder dem Wiederverkäufer auferlegten Wettbewerbsverbote.

4. Verpflichtungen des Wiederverkäufers, die der Gruppenfreistellung nicht entgegenstehen
(Artikel 2 Absatz 3)

(19) Die in dieser Vorschrift beispielhaft aufgezählten Verpflichtungen schränken den Wettbewerb im allgemeinen nicht ein. Es steht den

Unternehmen deshalb frei, sämtliche, mehrere oder einzelne dieser Klauseln in ihre Vereinbarungen aufzunehmen. Die erwähnten Verpflichtungen dürfen jedoch nicht in der Weise ausgestaltet oder angewendet werden, dass sie den Charakter von nicht zugelassenen Wettbewerbsbeschränkungen annehmen. Um dieser Gefahr vorzubeugen, erlaubt Artikel 2 Absatz 3 Buchstabe b) der Verordnung (EWG) Nr. 1984/83 Mindestabnahmeverpflichtungen von vornherein nur für Waren, die Gegenstand einer ausschliesslichen Bezugspflicht sind.

(20) Im Rahmen der Verpflichtung, vertriebsfördernde Massnahmen zu ergreifen, insbesondere ein Vertriebsnetz zu unterhalten (Artikel 2 Absatz 3 Buchstabe c) Verordnung (EWG) Nr. 1983/83; Artikel 2 Absatz 3 Buchstabe d) Verordnung (EWG) Nr. 1984/83), kann dem Wiederverkäufer aufgegeben werden, die Vertragswaren nicht an ungeeignete Händler zu liefern. Derartige Vertragsklauseln sind dann unbedenklich, wenn die Zulassung zum Vertriebsnetz aufgrund objektiver Kriterien qualitativer Art erfolgt, welche die fachliche Eignung des Geschäftsinhabers oder seines Personals oder die Ausstattung seines Geschäftslokals betreffen, wenn diese Kriterien einheitlich für alle in Betracht kommenden Händler gelten und wenn sie tatsächlich in nicht diskriminierender Weise angewendet werden. Vertriebssysteme, die diesen Voraussetzungen nicht entsprechen, sind von der Gruppenfreistellung nicht gedeckt.

5. Unanwendbarkeit der Gruppenfreistellung auf Ausschliesslichkeitsvereinbarungen zwischen konkurrierenden Herstellern

(Artikel 3 Buchstaben a) und b), Artikel 4 und Artikel 5)

(21) Die Gruppenfreistellung gilt nicht, wenn entweder die Vertragspartner selbst oder mit ihnen verbundene Unternehmen Hersteller sind, wenn sie darüber hinaus Waren herstellen, die zum selben Produktmarkt gehören und wenn sie schliesslich untereinander Alleinvertriebs- oder Alleinbezugsvereinbarungen über eben diese Waren treffen. Zum selben Produktmarkt zählen gleiche und gleichartige Erzeugnisse. Die betref-

fenden Waren müssen untereinander austauschbar sein. Ob dies zutrifft, ist aus der Sicht der Verbraucher zu beurteilen, wobei die Eigenschaften der Waren, ihre Preislage und ihr Verwendungszweck grundsätzlich gemeinsam zu berücksichtigen sind. Im Einzelfall können jedoch Waren allein aufgrund ihrer Eigenschaften, ihrer Preislage oder ihres Verwendungszwecks einen besonderen Markt bilden. Dies gilt vor allem dann, wenn sich für sie Verbraucherpräferenzen entwickelt haben. Die Anwendbarkeit der obengenannten Vorschriften hängt nicht davon ab, dass die Vertragspartner oder die mit ihnen verbundenen Unternehmen ihren Sitz in der Gemeinschaft haben oder dass sie mit den betreffenden Waren innerhalb oder ausserhalb des Gemeinsamen Marktes bereits miteinander in Wettbewerb stehen.

(22) Grundsätzlich sind sowohl wechselseitige als auch nichtwechselseitige Ausschliesslichkeitsvereinbarungen zwischen konkurrierenden Herstellern im individuellen Verfahren auf ihre Vereinbarkeit mit Artikel 85 des EWG-Vertrages zu prüfen, jedoch gelangen nichtwechselseitige Vereinbarungen der vorstehend beschriebenen Art in den Genuss der Gruppenfreistellung, wenn entweder beide Vertragspartner oder einer von ihnen Unternehmen mit einem jährlichen Gesamtumsatz von nicht mehr als 100 Millionen ECU sind (Artikel 3 Buchstabe b)). Der Jahresumsatz wird als Mittel verwendet, um die wirtschaftliche Bedeutung der beteiligten Unternehmen zu messen. Daher sind die mit Waren oder Dienstleistungen jedweder Art, nicht etwa nur die mit Vertragswaren erzielten Umsätze zusammenzuzählen. Umsatzsteuern und sonstige umsatzbezogene Abgaben bleiben unberücksichtigt. Massgeblich ist der Weltumsatz des Konzerns, dem der Vertragspartner angehört. Konzerninterne Umsätze werden nicht mitgezählt (Artikel 5 Absatz 3).

(23) Die Gesamtumsatzschwelle von 100 Millionen ECU kann innerhalb von zwei aufeinander folgenden Geschäftsjahren um bis zu 10 v.H. überschritten werden, ohne dass die beteiligten Unternehmen dadurch den Rechtsvorteil der Anwendung der Verordnungen verlieren. Die Gruppenfreistellung entfällt am Ende des zweiten Geschäftsjahres, wenn

der Gesamtumsatz während der zwei zurückliegenden Jahre mehr als
330 Millionen ECU betragen hat (Artikel 5 Absatz 2).

6. Widerruf der Gruppenfreistellung im Einzelfall

(Artikel 6 Verordnung (EWG) Nr. 1983/83; Artikel 14 Verordnung
(EWG) Nr. 1984/83)

(24) Die genannten Vorschriften haben den Charakter von Hinweisen.
Sie umschreiben einige der Situationen, in denen die Kommission
gemäss Artikel 7 der Verordnung Nr. 19/65/EWG des Rates von ihrer
Befugnis zum Widerruf der Gruppenfreistellung Gebrauch machen kann.
Der Rechtsvorteil der Gruppenfreistellung kann nur durch individuelle
Entscheidung entzogen werden, die aufgrund eines Verfahrens nach der
Verordnung Nr. 17 ergeht. Diese Entscheidung wirkt ausschliesslich in
die Zukunft. Sie kann mit einer Einzelfreistellung unter Bedingung und
Auflagen, äusserstenfalls auch mit der Feststellung einer Zuwider-
handlung und der Verpflichtung zu ihrer Abstellung verbunden werden.

7. Übergangsvorschriften

(Artikel 7 Verordnung (EWG) Nr. 1983/83; Artikel 15 Absatz 1 Verordnung (EWG) Nr. 1984/83)

(25) Die Rechtsvorteile der Anwendung der Verordnung Nr. 67/67/
EWG bleiben den beteiligten Unternehmen bis zum 31. Dezember 1986
für alle Alleinvertriebsvereinbarungen sowie für alle Alleinbezugsvereinbarungen erhalten, die vor dem 1. Januar 1984 getroffen worden
und in Kraft getreten sind. Falls die Beteiligten die erwähnten Vereinbarungen über den 1. Januar 1987 hinaus anwenden wollen, müssen sie
diese vorher entweder an die Bestimmungen der neuen Verordnungen
anpassen oder bei der Kommission anmelden. Für Bierlieferungs- und
Tankstellenverträge gelten Sonderregelungen (siehe Ziffern 64 und 65).

8. Aufeinander abgestimmte Verhaltensweisen

(Artikel 9 Verordnung (EWG) Nr. 1983/83; Artikel 18 Verordnung
(EWG) Nr. 1984/83)

(26) Der Zweck dieser Vorschriften besteht darin, ausschliessliche Liefer- und Bezugsbindungen, die nicht in rechtsverbindlicher Weise vereinbart worden sind, aber von den beteiligten Unternehmen gleichwohl praktiziert werden, in den Geltungsbereich der Verordnungen einzubeziehen.

III. Alleinvertriebsvereinbarungen (Verordnung (EWG) Nr. 1983/83)

1. Alleinbelieferungspflicht

(Artikel 1)

(27) Die Alleinbelieferungspflicht schliesst nicht das Recht des Lieferanten aus, die Vertragswaren an andere Wiederverkäufer abzugeben, die sie anschliessend im Vertragsgebiet des Alleinvertriebshändlers veräussern. Dabei macht es keinen Unterschied, ob diese Zwischenhändler innerhalb oder ausserhalb des Vertragsgebiets ansässig sind. Der Lieferant verletzt seine Verpflichtung zur ausschliesslichen Belieferung des Alleinvertriebshändlers dann nicht, wenn er andere Wiederverkäufer, welche die Vertragswaren im Vertragsgebiet absetzen wollen, nur auf Anfrage beliefert und die Übergabe der Waren ausserhalb dieses Gebietes erfolgt. Unerheblich ist, ob der Wiederverkäufer die Waren dort selbst oder durch eine Mittelsperson, z.B. einen Spediteur, in Empfang nimmt. Zulässig sind derartige Lieferungen allerdings nur dann, wenn der Wiederverkäufer und nicht der Lieferant die Kosten des Transports der Waren in das Vertragsgebiet trägt.

(28) Die dem Alleinvertriebshändler gelieferten Waren müssen für den Weiterverkauf im Vertragsgebiet bestimmt sein. Dieses grundsätzliche Erfordernis schmälert nicht das Recht des Alleinvertriebshändlers, die Vertragswaren an Kunden ausserhalb seines Vertragsgebiets weiterzuverkaufen, falls entsprechende Bestellungen an ihn gerichtet werden. Der Lieferant kann ihm zwar gemäss Artikel 2 Absatz 2 Buchstabe c)

die Kundenwerbung in anderen Gebieten, nicht aber die Ausfuhr nach dorthin vertraglich untersagen.

(29) Mit der Verordnung unvereinbar wäre auch die dem Alleinvertriebshändler auferlegte Verpflichtung, in seinem Vertragsgebiet nur bestimmte Abnehmergruppen (z.b. Facheinzelhändler) zu beliefern und die Versorgung sonstiger Abnehmergruppen (z.b. der Kaufhäuser) anderen Wiederverkäufern zu überlassen, die der Lieferant zu diesem Zweck ernannt hat.

2. Wettbewerbsverbot zu Lasten des Lieferanten

(30) Das dem Lieferanten vertraglich auferlegte Verbot, im Vertragsgebiet des Alleinvertriebshändlers Endverbraucher mit Vertragswaren zu versorgen, muss nicht absoluten Charakter tragen. Vertragsklauseln, die den Lieferanten berechtigten, bestimmte Kunden – gegebenenfalls gegen Zahlung einer Entschädigung an den Alleinvertriebshändler – zu beliefern, sind mit der Gruppenfreistellung vereinbar, sofern es sich bei diesen Kunden nicht um Wiederverkäufer handelt. Das Recht des Lieferanten, Endverbraucher mit Sitz im Vertragsgebiet ausserhalb dieses Gebiets mit Vertragswaren zu versorgen, bleibt unberührt. Die Lage der Endverbraucher entspricht insoweit derjenigen der Zwischenhändler (Siehe Ziffer 27).

3. Unanwendbarkeit der Gruppenfreistellung bei absolutem Gebietsschutz

(Artikel 3 Buchstaben c) und d))

(31) Für Vereinbarungen, die dem Alleinvertriebshändler einen absoluten Gebietsschutz sichern, können die Vertragspartner den Rechtsvorteil der Gruppenfreistellung nicht in Anspruch nehmen. Liegt die in Artikel 3 Buchstabe c) beschriebene Situation vor, so müssen sie entweder dafür sorgen, dass die Vertragswaren innerhalb des Vertragsgebiets von Parallelimporteuren angeboten werden können, oder aber sicherstellen, dass die Verbraucher sie von Unternehmen ausserhalb des Vertragsgebiets, gegebenenfalls auch ausserhalb der Gemeinschaft, zu den dort üblichen Preisen und Geschäftsbedingungen tatsächlich

beziehen können. Eine alternative Bezugsquelle im Sinne der Vorschrift bildet auch der Lieferant, wenn er bereit ist, Endverbraucher mit Sitz im Vertragsgebiet auf deren Anfrage mit Vertragswaren zu versorgen.

(32) Die Vorschrift des Artikels 3 Buchstabe d) schützt in erster Linie die Freiheit der Zwischenhändler und Verbraucher, sich die Vertragswaren in anderen Mitgliedstaaten zu beschaffen. Die Behinderung von Einfuhren aus dritten Staaten in die Gemeinschaft führt nur dann zum Verlust der Gruppenfreistellung, wenn innerhalb des Gemeinsamen Marktes keine alternativen Versorgungsquellen zur Verfügung stehen. Dies kann vor allem in Fällen zutreffen, in denen das Vertragsgebiet des Alleinvertriebshändlers das Gesamtgebiet oder den grössten Teil der Gemeinschaft umfasst.

(33) Die Gruppenfreistellung entfällt mit Wirkung für die Zukunft, sobald einer der Vertragspartner Massnahmen zur Behinderung von Paralleleinfuhren in das Vertragsgebiet ergreift. Auf Vereinbarungen, in denen sich der Lieferant gegenüber dem Alleinvertriebshändler verpflichtet, seine übrigen Kunden von Lieferungen in das Vertragsgebiet abzuhalten, findet die Gruppenfreistellung von vornherein keine Anwendung. Letzteres gilt auch dann, wenn die Vertragspartner lediglich Einfuhren aus dritten Staaten in die Gemeinschaft verhindern wollen. Ob es innerhalb des Gemeinsamen Marktes alternative Bezugsquellen gibt, ist in diesem Zusammenhang nicht entscheidend.

Die Unanwendbarkeit der Gruppenfreistellung folgt bereits daraus, dass die Vereinbarung wettbewerbsbeschränkende Verpflichtungen enthält, die durch Artikel 2 Absatz 1 nicht gedeckt sind.

IV. Alleinbezugsvereinbarungen (Verordnung (EWG) Nr. 1984/83)

1. Struktur der Verordnung

(34) Die Verordnung enthält in ihrem Titel I allgemeine Vorschriften für Alleinbezugsvereinbarungen und in ihren Titeln II und III besondere

Vorschriften für Bierlieferungsverträge und Tankstellenverträge. Auf diese Vereinbarungen sind nur die Sondervorschriften anwendbar, die allerdings teilweise auf die allgemeinen Vorschriften verweisen (Artikel 9, 13). Artikel 17 schliesst darüber hinaus die Kumulierung von Vereinbarungen im Sinne des Titels I mit solchen im Sinne der Titel II oder III aus, sofern an ihnen dieselben Unternehmen oder dieselben Konzerne beteiligt sind. Um jede Umgehung der Sondervorschriften für Bierlieferungsverträge und Tankstellenverträge zu verhindern, hat der Gemeinschaftsgesetzgeber ferner angeordnet, dass die Vorschriften über den Alleinvertrieb von Waren auf Vereinbarungen, die zum Zweck des Weiterverkaufs von Getränken in Gaststätten oder von Mineralölerzeugnissen in Abfüllstationen geschlossen werden, keine Anwendung finden (Artikel 8 Verordnung (EWG) Nr. 1983/83).

2.   Alleinbezugspflicht

(Artikel 1)

(35) Die Verordnung erfasst nur Vereinbarungen, in denen sich der Wiederverkäufer verpflichtet, seinen gesamten Bedarf an Vertragswaren bei dem anderen Vertragspartner zu decken. Besteht die Bezugspflicht lediglich für einen Teil dieses Bedarfs, so greift die Gruppenfreistellung nicht ein. Vertragsklauseln, die es dem Wiederverkäufer ermöglichen, die betreffenden Waren von dritten Lieferanten zu beziehen, falls diese sie zu günstigeren Preisen und Bedingungen als der Vertragspartner anbieten, stehen der Gruppenfreistellung nicht entgegen. Dasselbe gilt für vertragliche Bestimmungen, die den Wiederverkäufer für den Fall der Lieferunfähigkeit seines Vertragspartners von der Alleinbezugspflicht befreien.

(36) Die Vertragswaren sind in der Vereinbarung unter Angabe der Marke oder der sonstigen Benennung zu spezifizieren. Nur so lassen sich die Alleinbezugspflicht des Wiederverkäufers (Artikel 1) und das ihm auferlegte Wettbewerbsverbot (Artikel 2 Absatz 2) mit der erforderlichen Deutlichkeit unterscheiden.

3.   Wettbewerbsverbot zu Lasten des Lieferanten

(Artikel 2 Absatz 1)

(37) Die genannte Vorschrift gibt dem Wiederverkäufer die Möglichkeit, sich in seinem Hauptabsatzgebiet vor direkten Wettbewerbshandlungen des Lieferanten zu schützen. Das Hauptabsatzgebiet des Wiederverkäufers wird durch dessen normale Geschäftstätigkeit bestimmt. Es kann in der Vereinbarung näher bezeichnet werden. Dem Vertragspartner kann jedoch weder die Belieferung von Händlern, welche die Vertragswaren ausserhalb dieses Gebiets beziehen, um sie anschliessend nach dorthin weiterzuverkaufen, noch die Bestellung weiterer Wiederverkäufer innerhalb dieses Gebiets untersagt werden.

4.   Grenzen der Gruppenfreistellung

(Artikel 3 Buchstaben c) und d))

(38) Die Alleinbezugspflicht kann nach Artikel 3 Buchstabe c) für eine einzelne Ware oder für mehrere Waren vereinbart werden. Im letzten Fall muss zwischen den betroffenen Waren eine Beziehung bestehen, die bewirkt, dass sie als zu demselben Warensortiment gehörend anzusehen sind. Der Sachzusammenhang kann sich aus technischen Gründen (Beispiel: Maschine, Zubehör, Ersatzteile), aus kommerziellen Gründen (Beispiel: mehrere Erzeugnisse, die demselben Verwendungszweck dienen) oder aus dem Handelsbrauch ergeben (verschiedene Waren, die in der Regel gemeinsam angeboten werden). Im letzten Fall sind die Gepflogenheiten auf der Stufe des Wiederverkäufers in dem jeweiligen Markt zu ermitteln, wobei auf die Gesamtheit der in Betracht kommenden Händler und nicht nur auf bestimmte Vertriebsformen abzustellen ist. Alleinbezugsvereinbarungen über nicht zusammengehörige Waren können nur durch Einzelfallentscheidung vom Kartellverbot ausgenommen werden.

(39) Nach Artikel 3 Buchstabe d) werden Alleinbezugsvereinbarungen mit unbestimmter Laufzeit von der Gruppenfreistellung nicht gedeckt. Verträge, die eine feste Laufzeit vorsehen, welche sich aber automa-

tisch verlängert, falls keine Kündigung ausgesprochen wird, sind als auf unbestimmte Zeit geschlossen anzusehen.

V. Bierlieferungsverträge (Titel II der Verordnung (EWG) Nr. 1984/83)

1. Vereinbarungen von geringer Bedeutung

(40) Es wird daran erinnert, dass die Kommission in ihrer Bekannt-machung über Vereinbarungen von geringer Bedeutung die Auffassung vertritt, dass Vereinbarungen zwischen Unternehmen nicht unter das Verbot des Artikel 85 Absatz 1 EWG-Vertrag fallen, sofern bestimmte Bedingungen in bezug auf Marktanteil und Umsatz von den betroffe-nen Unternehmen erfüllt werden. Es ist daher offensichtlich, dass Verein-barungen eines Unternehmens – Brauerei oder Grosshändler – unter Artikel 85 Absatz 1 EWG-Vertrag fallen können, wenn dieses Unter-nehmen die in der Bekanntmachung niedergelegten Grenzen über-schreitet. Die Bekanntmachung findet indessen keine Anwendung, wenn der Wettbewerb auf einem relevanten Markt durch die kumulativen Aus-wirkungen nebeneinander bestehender Netze gleichartiger Verein-barungen beschränkt wird, welche für sich genommen – sofern die Bekanntmachung anwendbar wäre – nicht in den Anwendungsbereich des Artikel 85 Absatz 1 EWG-Vertrag fallen würden. Da die Biermärkte häufig durch das Bestehen kumulativer Auswirkungen charakterisiert sein werden, ist eine Bestimmung derjenigen Vereinbarungen ange-bracht, welche auch angesichts solcher Umstände als Vereinbarungen von geringer Bedeutung zu qualifizieren sind.

Die Kommission vertritt die Auffassung, dass ein von einer Brauerei gemäss Artikel 6, einschliesslich der Fälle des Artikel 8 Absatz 2 der Verordnung (EWG) Nr. 1984/83 geschlossener ausschliesslicher Bier-lieferungsvertrag generell nicht unter Artikel 85 Absatz 1 EWG-Ver-trag fällt, wenn

– der Marktanteil der Brauerei auf dem nationalen Markt für den Absatz von Bier in Gaststätten höchstens 1 % beträgt und

– die Brauerei nicht mehr als 200 000 hl Bier pro Jahr herstellt.

Diese Grundsätze gelten jedoch nicht, wenn die betreffende Vereinbarung – im Falle von Bier und anderen Getränken – für über 7 $\frac{1}{2}$ Jahre und – im Falle von Bier – für über 15 Jahre geschlossen wurde.

Zur Feststellung des Marktanteils der Brauerei und ihrer Jahresproduktion findet Artikel 4 Absatz 2 der Verordnung (EWG) Nr. 1984/83 Anwendung.

Bei ausschliesslichen Bierlieferungsverträgen im Sinne von Artikel 6, einschliesslich der Fälle des Artikels 8 Absatz der Verordnung (EWG) Nr. 1984/83, die von Grosshändlern geschlossen werden, finden die obengenannten Grundsätze unter Berücksichtigung der Stellung der Brauerei, deren Bier Hauptgegenstand der betreffenden Vereinbarung ist, entsprechend Anwendung.

Diese Bekanntmachung schliesst nicht aus, dass in Einzelfällen auch Vereinbarungen zwischen Unternehmen, bei denen die obgenannten Kriterien nicht erfüllt werden, insbesondere wenn die Anzahl der an sie gebundenen Verkaufsstellen im Vergleich zur Gesamtzahl der Verkaufsstellen auf dem Markt gering ist, weiterhin eine nur unerhebliche Auswirkung auf den Handel zwischen den Mitgliedstaaten oder den Wettbewerb haben können und deshalb nicht unter Artikel 85 Absatz 1 EWG-Vertrag fallen.

Diese Bekanntmachung berührt in keiner Weise die Anwendung nationalen Rechts auf die von ihr erfassten Vereinbarungen.

2.   Alleinbezugspflicht
(Artikel 6)

(41) Die von der Alleinbezugspflicht erfassten Biere und anderen Getränke sind in der Vereinbarung unter Angabe der Marke oder der sonstigen Benennung zu spezifizieren. Eine Alleinbezugspflicht kann

dem Wiederverkäufer nur für diejenigen Getränke auferlegt werden, welche der Lieferant bei Inkrafttreten des Vertrages bereithält; diese Getränke müssen ausserdem in den benötigten Mengen, in regelmässigen, genügend kurzen Zeitabständen und zu Preisen und Bedingungen geliefert werden, die einen normalen Weiterverkauf an die Verbraucher erlauben. Jede Ausdehnung der Alleinbezugspflicht auf in der Vereinbarung nicht spezifizierte Getränke bedarf einer weiteren Vereinbarung, die ihrerseits den Anforderungen des Titels II der Verordnung genügen muss. Die Änderung der Marke oder der sonstigen Benennung eines im übrigen unverändert bleibenden Getränks stellt keine solche Ausdehnung der Alleinbezugspflicht dar.

(42) Die Alleinbezugspflicht kann im Hinblick auf eine oder mehrere Gaststätten vereinbart werden, die der Wiederverkäufer bei Inkrafttreten des Vertrages betreibt. Diese Gaststätten sind in der Vereinbarung unter Angabe des Namens und der Lage aufzuführen. Jede Ausdehnung der Alleinbezugspflicht auf weitere Gaststätten bedarf einer weiteren Vereinbarung, die ihrerseits den Anforderungen des Titels II der Verordnung genügen muss.

(43) Der Begriff der Gastwirtschaft umfasst alle Arten von Schankbetrieben. Der Ausschank von Getränken in privaten Clubs steht dem Weiterverkauf in öffentlichen Gaststätten gleich. Alleinbezugsvereinbarungen zwischen dem Lieferanten und dem Inhaber eines Getränkefachgeschäfts (off-licence-shop) fallen unter die Vorschriften des Titels I dieser Verordnung.

(44) Besondere wirtschaftliche oder finanzielle Vorteile sind solche, die über das normale Vertragsinteresse des Wiederverkäufers hinausgehen. Die in der 13. Erwägungsbegründung zu dieser Verordnung enthaltenen Erläuterungen haben den Charakter von Beispielen. Ob der Lieferant dem Wiederverkäufer besondere Vorteile zuwendet, bestimmt sich insbesondere nach Art, Umfang und Dauer der von den Vertragspartnern zu erbringenden Leistungen. Im Zweifel entscheidet die Verkehrsauffassung.

(45) Der Wiederverkäufer kann Alleinbezugsvereinbarungen sowohl mit einem Brauer über Biere einer bestimmten Sorte als auch mit einem Getränkegrosshändler über Biere einer anderen Sorte und/oder sonstige Getränke treffen. Beide Vereinbarungen können zu einem einheitlichen Vertragswerk zusammengefasst werden. Die Vorschrift des Artikels 6 deckt auch Fälle, in denen der Getränkegrosshändler mehrere Funktionen zugleich erfüllt, indem er die erste Vereinbarung im Namen des Brauers, die zweite im eigenen Namen abschliesst und die Durchführung der Lieferung für sämtliche Getränke besorgt. Die Vertragsbeziehungen zwischen Brauer und Getränkegrosshändler unterliegen nicht den Vorschriften des Titels II der Verordnung.

(46) Nach Artikel 6 Absatz 2 erfasst die Gruppenfreistellung auch Fälle, in denen der Lieferant dem Hauseigentümer finanzielle oder sonstige Leistungen für die Einrichtung einer Gaststätte erbringt und dieser als Gegenleistung dem Käufer oder Pächter der Gaststätte eine Alleinbezugspflicht zugunsten des Lieferanten auferlegt. Ein solcher Fall steht wirtschaftlich der Weitergabe der Alleinbezugspflicht durch den Inhaber einer Gaststätte an den Rechtsnachfolger gleich, die nach Artikel 8 Absatz 1 Buchstabe e) prinzipiell zulässig ist.

2. Mitfreigestellte Wettbewerbsbeschränkungen
(Artikel 7)

(47) Die Liste der nach Artikel 7 zugelassenen Verpflichtungen hat abschliessenden Charakter. Werden dem Wiederverkäufer zusätzliche Verpflichtungen wettbewerbsbeschränkender Art auferlegt, so entfällt der Rechtsvorteil der Gruppenfreistellung für die gesamte Alleinbezugsvereinbarung.

(48) Die Verpflichtung nach Absatz 1 Buchstabe a) gilt nur dann, wenn der Lieferant die in der Vereinbarung bezeichneten, den Gegenstand der Alleinbezugspflicht bildenden Biere und anderen Getränke in ausreichenden Mengen bereit hält, welche die vom Wiederverkäufer geschätzte voraussichtliche Nachfrage der Kundschaft decken.

(49) Biere anderer Sorten kann der Wiederverkäufer nach Absatz 2 Buchstabe b) vom Fass anbieten, wenn der Vertragspartner dies schon in der Vergangenheit geduldet hat. In den übrigen Fällen muss der Wiederverkäufer den Ausschank derartiger Biere vom Fass durch eine ausreichende Nachfrage der Kundschaft rechtfertigen. Diese Nachfrage ist jedenfalls dann als ausreichend anzusehen, wenn sie befriedigt werden kann, ohne dass gleichzeitig der Absatz der in der Alleinbezugsvereinbarung spezifizierten Biere sinkt. Sie reicht mit Sicherheit nicht aus, wenn sich der Ausschank des neu in das Angebot der Gaststätte aufgenommenen Fassbieres über einen so langen Zeitraum erstreckt, dass eine Beeinträchtigung der Qualität dieses Bieres befürchtet werden muss. Es ist Sache des Wiederverkäufers, die voraussichtliche Nachfrage seiner Kunden nach Bieren anderer Sorten zu schätzen. Dafür trägt er das Risiko von falschen Prognosen.

(50) Die Vorschrift des Absatzes 1 Buchstabe c) bezweckt nicht nur, die Möglichkeit der Werbung für die von dritten Unternehmen gelieferten Waren in dem jeweils erforderlichen Mindestumfang zu sichern. Die Werbung für diese Waren soll darüber hinaus deren relative Bedeutung im Verhältnis zu den konkurrierenden Waren des an der Alleinbezugsvereinbarung beteiligten Lieferanten widerspiegeln. Die Werbung für Waren, die neu in das Angebot der Gaststätte aufgenommen werden, darf weder ausgeschlossen noch unbillig behindert werden.

(51) Die Kommission geht davon aus, dass die im zwischenstaatlichen Handel und die innerhalb der einzelnen Mitgliedstaaten gebräuchlichen Sortenbezeichnungen einen geeigneten Anknüpfungspunkt für die Auslegung des Artikels 7 Absatz 2 bilden können. Massgeblich sind jedoch die in der Vorschrift selbst aufgeführten alternativen Kriterien. Ob zwei Biere in ihrer Zusammensetzung, in ihrem Aussehen oder in ihrem Geschmack deutlich voneinander zu unterscheiden sind, bestimmt sich im Zweifel nach der am Ort der Gaststätte geltenden Verkehrsauffassung. Es steht den beteiligten Unternehmen frei, diese Frage von einem gemeinsam bestellten Sachverständigen beantworten zu lassen.

3.   Ausschluss der Gruppenfreistellung
(Artikel 8)

(52) Das Recht des Wiederverkäufers, Getränke von dritten Unternehmen zu beziehen, darf nur nach Massgabe der Artikel 6 und 7 eingeschränkt werden. Für den Bezug von anderen Waren als Getränken und
für die Inanspruchnahme von Dienstleistungen, soweit sie nicht mit der
Lieferung von Getränken durch den anderen Vertragspartner unmittelbar zusammenhängen, gilt der Grundsatz der freien Lieferantenwahl.

Jede Behinderung, die der Wiederverkäufer bei der Ausübung seiner
diesbezüglichen Rechte von seiten des anderen Vertragspartners, eines
mit diesem verbundenen oder von diesem beauftragten oder eines
sonstigen Unternehmens erfährt, das auf Veranlassung des anderen
Vertragspartners oder im Einverständnis mit diesem handelt, führt nach
Absatz 1 Buchstaben a) und b) zum Verlust des Rechtsvorteils der
Gruppenfreistellung. Für die Anwendung der vorgenannten Bestimmungen macht es keinen Unterschied, ob die Freizeit des Wiederverkäufers
durch Vertrag, unverbindliche Absprache, wirtschaftlichen Druck oder
Massnahmen tatsächlicher Art eingeschränkt wird.

(53) Die Aufstellung von Spielautomaten in Pachtgaststätten kann durch
Vertrag der Zustimmung des Gaststätteneigentümers unterworfen
werden. Dieser kann seine Genehmigung aus Gründen des Stils der
Gaststätte verweigern oder auf bestimmte Typen von Spielautomaten
beschränken. Dagegen ist die Praxis mancher Gaststätteneigentümer,
dem Pächter den Abschluss von Aufstellverträgen nur mit bestimmten
von ihnen empfohlenen Unternehmen zu gestatten, mit dieser Verordnung grundsätzlich unvereinbar, es sei denn, dass die Auswahl der
Automatenaufsteller aufgrund von objektiven Kriterien qualitativer Art
erfolgt, die einheitlich für alle in Betracht kommenden Aufsteller festgelegt sind und in nicht diskriminierender Weise angewendet werden.
Diese Kriterien können sich auf die Zuverlässigkeit des Unternehmens
und seines Personals und auf die Qualität der von ihm angebotenen
Dienstleistungen beziehen. Der Lieferant darf den Gaststättenpächter
nicht daran hindern, Spielautomaten zu kaufen statt zu mieten.

(54) Die Begrenzung der Dauer der Vereinbarung in Absatz 1 Buchstaben c) und d) lässt das Recht der Vertragspartner unberührt, die Vereinbarung unter den in Titel II der Verordnung genannten Bedingungen zu erneuern.

(55) Bei der Auslegung von Absatz 2 Buchstabe b) sind die Ziele der gemeinschaftlichen Wettbewerbsregeln ebenso zu beachten wie der allgemeine Rechtsgrundsatz, wonach die Vertragspartner ihre Rechte nach Treu und Glauben auszuüben haben.

(56) Ob ein drittes Unternehmen bestimmte von der Alleinbezugspflicht erfasste Getränke im Sinne des ersten Spiegelstrichs der Vorschrift günstiger als der Vertragspartner anbietet, ist in erster Linie durch einen Preisvergleich zu ermitteln. Dabei sind die für die Preisbildung massgeblichen Faktoren mitzuberücksichtigen. Liegt ein günstigeres Angebot vor und will der Gaststättenpächter dieses annehmen, so hat er seinen Vertragspartner unverzüglich von seiner Absicht zu unterrichten, damit so dieser Gelegenheit erhält, in die Bedingungen des dritten Unternehmens einzutreten. Lehnt der Vertragspartner dies ab oder unterlässt er es, dem Gaststättenpächter binnen kurzer Frist seine Entscheidung mitzuteilen, so ist dieser berechtigt, die betreffenden Getränke von dem dritten Unternehmen zu beziehen. Die Kommission wird darauf achten, dass die Anwendung des Preisangleichungsrechts durch die Brauer oder Getränkegrosshändler nicht dazu führt, anderen Lieferanten den Zugang zu dem betreffenden Markt wesentlich zu erschweren.

(57) Das im zweiten Spiegelstrich der Vorschrift umschriebene Recht des Gaststättenpächters, Getränke einer anderen Marke oder sonstigen Benennung von dritten Unternehmen zu beziehen, besteht jeweils dann, wenn der Vertragspartner diese Getränke nicht anbietet. Den Gaststättenpächter trifft in diesem Fall keine Verpflichtung, den Vertragspartner über seine Absichten aufzuklären.

(58) Die nach Artikel 9 in Verbindung mit Artikel 2 Absatz 3 Buchstabe b) zulässige Verpflichtung des Gaststättenpächters zur Abnahme

von Mindestmengen tritt hinter dessen Rechte aus Artikel 8 Absatz 2 Buchstabe b) insoweit zurück, als dies erforderlich ist, um ihm die volle Ausübung der erwähnten Rechte zu ermöglichen.

VI.   Tankstellenverträge (Titel III der Verordnung (EWG) Nr. 1984/83)

1.   Alleinbezugspflicht
(Artikel 10)

(59) Gegenstand der Alleinbezugspflicht können entweder Kraftstoffe für Motorfahrzeuge (z.b. Benzin, Dieselöl, Flüssiggas, Kerosen) allein oder Kraftstoffe für Motorfahrzeuge und Brennstoffe (z.b. Heizöl, Flaschengas, Paraffin) sein. Bei jeder dieser Waren muss es sich jeweils um Mineralölerzeugnisse handeln.

(60) Die von der Alleinbezugspflicht erfassten Kraftstoffe müssen für den Verbrauch in motorgetriebenen Land-, Wasser- oder Luftfahrzeugen bestimmt sein. Der Begriff der Abfüllstation ist dementsprechend weit auszulegen.

(61) Die Verordnung gilt für Tankstellen an öffentlichen Wegen und Abfülleinrichtungen auf privaten, nicht dem öffentlichen Verkehr gewidmeten Grundstücken.

2.   Mitfreigestellte Wettbewerbsbeschränkungen
(Artikel 11)

(62) Nach Buchstabe b) kann dem Wiederverkäufer lediglich die Benutzung der von dritten Unternehmen gelieferten Schmierstoffe und verwandten Mineralölerzeugnisse untersagt werden. Mit dieser Vorschrift ist die Wartung von Kraftfahrzeugen, also die Dienstleistungstätigkeit des Wiederverkäufers, angesprochen. Die Freiheit des Wiederverkäufers, die genannten Erzeugnisse zum Zweck des Weiterverkaufs in der Abfüllstation von dritten Unternehmen zu beziehen,

bleibt unberührt. Mit den Schmiermitteln verwandte Mineralölerzeugnisse sind Zusatzstoffe und Bremsöle.

(63) Für die Auslegung von Buchstabe c) gelten die unter Ziffer 50 wiedergegebenen Erwägungen in entsprechender Weise.

3. Ausschluss der Gruppenfreistellung
(Artikel 12)

(64) Die Vorschrift entspricht in ihrem Grundgedanken den Bestimmungen des Artikels 8 Absatz 1 Buchstaben a), b), d) und e) und Absatz 2 Buchstabe a). Es darf daher auf die unter den Ziffern 52 und 54 wiedergegebenen Erwägungen verwiesen werden.

VII. Übergangsvorschriften für Bierlieferungsverträge und Tankstellenverträge
(Artikel 15 Absätze 2 und 3)

(65) Nach Artikel 15 Absatz 2 bleiben die mit der Anwendung der Verordnung Nr. 67/67/EWG verbundenen Rechtsvorteile den beteiligten Unternehmen bis zum 31. Dezember 1988 für alle Bierlieferungsverträge und alle Tankstellenverträge erhalten, die vor dem 1. Januar 1984 geschlossen worden und in Kraft getreten sind. Vom 1. Januar 1989 an müssen diese Verträge den Bestimmungen der Titel II und III der Verordnung (EWG) Nr. 1984/83 entsprechen. Nach Artikel 15 Absatz 3 gilt dieser Grundsatz auch für die bei Inkrafttreten der Verordnung am 1. Juli 1983 bereits bestehenden Verträge, allerdings mit der Abweichung, dass die in Artikel 8 Absatz 1 Buchstabe d) und Artikel 12 Absatz 1 Buchstabe c) vorgeschriebene zehnjährige Höchstdauer der Vereinbarung überschritten werden darf.

(66) Die Fortgeltung der Gruppenfreistellung über den 1. Januar 1989 hinaus hängt allein davon ab, dass die in Betracht kommenden Bierlieferungs- oder Tankstellenverträge den neuen Rechtsvorschriften angepasst werden. Die Art und Weise dieser Anpassung bleibt den beteilig-

ten Unternehmen überlassen. Sie kann durch eine vereinbarte Änderung des ursprünglichen Vertrages, aber auch dadurch herbeigeführt werden, dass der Lieferant den Wiederverkäufer einseitig aus allen Verpflichtungen lässt, die nach dem 1. Januar 1989 einer Gruppenfreistellung entgegenstehen würden. Die letztgenannte Art der Anpassung wird zwar nur in Artikel 15 Absatz 3 für die am 1. Juli 1983 bereits bestehenden Verträge erwähnt. Es sind jedoch keine Gründe ersichtlich, die es verbieten würden, dieselbe Möglichkeit aus den zwischen dem 1. Juli 1983 und dem 1. Januar 1984 abgeschlossenen Verträgen einzuräumen.

(67) Die Vertragspartner verlieren den Rechtsvorteil der Anwendung der Übergangsvorschriften, wenn sie den persönlichen, örtlichen oder sachlichen Anwendungsbereich ihrer Vereinbarung erweitern oder in diese zusätzliche Verpflichtungen wettbewerbsbeschränkender Art aufnehmen. Die Vereinbarung gilt dann als neuer Vertrag. Diese Rechtswirkung tritt ein, wenn die Vertragspartner Inhalt und Umfang der vereinbarten Leistungen wesentlich ändern. Als wesentliche Änderung in diesem Sinne ist auch die Neufestsetzung des Kaufpreises für die dem Wiederverkäufer gelieferten Waren oder des Entgelts für die Pacht einer Gaststätte oder Tankstelle anzusehen, sofern sie über den Rahmen einer blossen Anpassung der Vereinbarung an die sich ändernde wirtschaftliche Entwicklung hinausgeht.

6. Mitteilung der Kommission zu ihrer Verordnung (EWG) Nr. 1983/83 vom 18. Dezember 1985

Brüssel, den 18. Dezember 1985
Kommission klärt Tragweite der Gruppenfreistellungsverordnung (EWG) Nr. 1983/83 im Hinblick auf Alleinvertriebsvereinbarungen zwischen Herstellern

Die Kommission hat soeben eine günstige Entscheidung über eine grössere Anzahl von Vereinbarungen erlassen, durch welche Unternehmen des schottischen DISTILLERS-Konzerns anderen Unternehmen der Spirituosenindustrie den Alleinvertrieb für bestimmte Whisky- oder Gin-Marken in verschiedenen Mitgliedstaaten der Gemeinschaft einräumten. Dabei hat sie eine für die Anwendbarkeit der Verordnung (EWG) Nr. 1983/83 wichtige Auslegungsfrage geklärt.

Nach dieser Verordnung gilt die Gruppenfreistellung nicht, wenn "Hersteller von gleichen oder gleichartigen Waren" untereinander Alleinvertriebsvereinbarungen über eben diese Waren treffen. Dem liegt der Gedanke zugrunde, dass Vereinbarungen zwischen konkurrierenden Unternehmen nicht ohne weiteres dieselben positiven Wirkungen hervorrufen, wie sie Alleinvertriebsvereinbarungen im allgemeinen haben. In derartigen Fällen ist nämlich zu befürchten, dass die Beteiligten ihre Exklusivbindungen nicht zur Erschliessung, sondern zur Aufteilung der Märkte benutzen. Diese Gefahr besteht allerdings nur dann, wenn die jeweils betroffenen Erzeugnisse geeignet sind, den gleichen Kundenbedarf zu befriedigen, wenn sie also aus der Sicht des Verbrauchers ohne weiteres austauschbar sind. Die Kommission hat daher die Auffassung vertreten, dass das Merkmal "Hersteller von gleichen oder gleichartigen Waren" nur dann erfüllt ist, wenn die Vertragspartner oder mit ihnen verbundene Unternehmen bezüglich ihrer Waren in einem unmittelbaren Wettbewerbsverhältnis stehen. Für die Spirituosenindustrie kann ein solches Verhältnis nur innerhalb bestimmter, in der Entscheidung aufgeführter Kategorien alkoholischer Getränke bejaht werden. Danach bildet Whisky eine eigene Produktkategorie und damit einen eigenen Produktionsmarkt, während Gin der Produktkategorie und dem Produktmarkt der alkoholischen Wacholdergetränke zuzurechnen ist.

Auf der Grundlage dieser Marktabgrenzung konnte die Kommission die Erklärung abgeben, dass die Mehrzahl der zu beurteilenden Alleinvertriebsvereinbarungen – nämlich 17 von insgesamt 21 Verträgen – unter die Gruppenfreistellung fällt, weil der jeweilige Alleinvertriebshändler kein konkurrierendes Erzeugnis im Sinne der Verordnung (EWG) Nr. 1983/83 herstellt.

Letzteres traf lediglich auf vier Alleinvertriebsvereinbarungen zu. Diese
Verträge konnten jedoch mit Rücksicht auf die vergleichsweise
schwache Marktstellung der Beteiligten und den lebhaften Wettbewerb
innerhalb der betroffenen Märkte im Wege der Einzelfallentscheidung
vom Kartellverbot freigestellt werden.

7. EG Richtlinie betreffend Handelsvertreter vom 18. Dezember 1986

RICHTLINIE DES RATES
vom 18. Dezember 1986 zur Koordinierung der Rechtsvorschriften der Mitgliedstaaten betreffend die selbständigen Handelsvertreter (86/653/EWG)

DER RAT DER EUROPÄISCHEN GEMEINSCHAFTEN -

gestützt auf den Vertrag zur Gründung der Europäischen Wirtschaftsgemeinschaft, insbesondere auf Artikel 57 Absatz 2 und Artikel 100,

auf Vorschlag der Kommission,

nach Stellungnahme des Europäischen Parlaments,

nach Stellungnahme des Wirtschafts- und Sozialausschusses,

in Erwägung nachstehender Gründe:

Die Beschränkungen der Niederlassungsfreiheit und des freien Dienst-
leistungsverkehrs für die Vermittlertätigkeiten in Handel, Industrie und
Handwerk sind durch die Richtlinie 64/224/EWG aufgehoben worden.

Die Unterschiede zwischen den einzelstaatlichen Rechtsvorschriften
auf dem Gebiet der Handelsvertretungen beeinflussen die Wett-
bewerbsbedingungen und die Berufsausübung innerhalb der Gemeinschaft spürbar und beeinträchtigen den Umfang des Schutzes der
Handelsvertreter in ihren Beziehungen zu ihren Unternehmern sowie
die Sicherheit im Handelsverkehr. Diese Unterschiede erschweren im

übrigen auch erheblich den Abschluss und die Durchführung von Handelsvertreterverträgen zwischen einem Unternehmer und einem Handelsvertreter, die in verschiedenen Mitgliedstaaten niedergelassen sind.

Der Warenaustausch zwischen den Mitgliedstaaten muss unter Bedingungen erfolgen, die denen eines Binnenmarktes entsprechen, weswegen die Rechtsordnungen der Mitgliedstaaten in dem zum guten Funktionieren des Gemeinsamen Marktes erforderlichen Umfang angeglichen werden müssen. Selbst vereinheitlichte Kollisionsnormen auf dem Gebiet der Handelsvertretung können die erwähnten Nachteile nicht beseitigen und lassen daher einen Verzicht auf die vorgeschlagene Harmonisierung nicht zu.

Die Rechtsbeziehungen zwischen Handelsvertreter und Unternehmer sind in diesem Zusammenhang mit Vorrang zu behandeln.

Die in den Mitgliedstaaten für Handelsvertreter geltenden Vorschriften sind in Anlehnung an die Grundsätze von Artikel 117 des Vertrages auf dem Wege des Fortschritts zu harmonisieren.

Einigen Mitgliedstaaten müssen zusätzliche Übergangsfristen eingeräumt werden, da sie besondere Anstrengungen zu unternehmen haben, um ihre Regelungen den Anforderungen dieser Richtlinie anzupassen; es handelt sich insbesondere um den Ausgleich nach Beendigung des Vertragsverhältnisses zwischen dem Unternehmer und dem Handelsvertreter –

HAT FOLGENDE RICHTLINIE ERLASSEN:

Kapitel I Anwendungsbereich

Artikel 1

(1) Die durch diese Richtlinie vorgeschriebenen Harmonisierungsmassnahmen gelten für die Rechts- und Verwaltungsvorschriften der Mitgliedstaaten, die die Rechtsbeziehungen zwischen Handelsvertretern und ihren Unternehmern regeln.

(2) Handelsvertreter im Sinne dieser Richtlinie ist, wer als selbständiger Gewerbetreibender ständig damit betraut ist, für eine andere Person (im folgenden Unternehmer genannt) den Verkauf oder den Ankauf von Waren zu vermitteln oder diese Geschäfte im Namen und für Rechnung des Unternehmers abzuschliessen.

(3) Handelsvertreter im Sinne dieser Richtlinie ist insbesondere nicht

– eine Person, die als Organ befugt ist, für eine Gesellschaft oder Vereinigung verbindlich zu handeln;

– ein Gesellschafter, der rechtlich befugt ist, für die anderen Gesellschafter verbindlich zu handeln;

– ein Zwangsverwalter (receiver), ein gerichtlich bestellter Vermögensverwalter (receiver and manager), ein Liquidator (liquidator) oder ein Konkursverwalter (trustee in bankruptcy).

Artikel 2

(1) Diese Richtlinie ist nicht anzuwenden

– auf Handelsvertreter, die für ihre Tätigkeit kein Entgelt erhalten;

– auf Handelsvertreter, soweit sie an Handelsbörsen oder auf Rohstoffmärkten tätig sind;

– auf die unter der Bezeichnung "Crown Agents for Overseas Governments and Administrations" bekannte Körperschaft, wie sie im Vereinigten Königreich nach dem Gesetz von 1979 über die "Crown Agents" eingeführt worden ist, oder deren Tochterunternehmen.

(2) Jeder Mitgliedstaat kann vorsehen, dass die Richtlinie nicht auf Personen anwendbar ist, die Handelsvertretertätigkeiten ausüben, welche nach dem Recht dieses Mitgliedstaates als nebenberufliche Tätigkeiten angesehen werden.

Kapitel II Rechte und Pflichten

Artikel 3

(1) Bei der Ausübung seiner Tätigkeit hat der Handelsvertreter die Interessen des Unternehmers wahrzunehmen und sich nach den Geboten von Treu und Glauben zu verhalten.

(2) Im besonderen muss der Handelsvertreter

a) sich in angemessener Weise für die Vermittlung und gegebenenfalls den Abschluss der ihm anvertrauten Geschäfte einsetzen;

b) dem Unternehmer die erforderlichen ihm zur Verfügung stehenden Informationen übermitteln;

c) den vom Unternehmer erteilten angemessenen Weisungen nachkommen.

Artikel 4

(1) Der Unternehmer hat sich gegenüber dem Handelsvertreter nach den Geboten von Treu und Glauben zu verhalten.

(2) Insbesondere hat der Unternehmer dem Handelsvertreter

a) die erforderlichen Unterlagen zur Verfügung zu stellen, die sich auf die betreffenden Waren beziehen;

b) die für die Ausführung des Handelsvertretervertrages erforderlichen Informationen zu geben und ihn insbesondere binnen angemessener Frist zu benachrichtigen, sobald er absieht, dass der Umfang der Geschäfte erheblich geringer sein wird, als der Handelsvertreter normalerweise hätte erwarten können.

(3) Im übrigen muss der Unternehmer dem Handelsvertreter binnen angemessener Frist von der Annahme oder Ablehnung und der Nichtausführung der vom Handelsvertreter vermittelten Geschäfte Kenntnis geben.

Artikel 5

Die Parteien dürfen keine Vereinbarungen treffen, die von den Artikeln 3 und 4 abweichen.

Kapitel III Vergütung

Artikel 6

(1) Bei Fehlen einer diesbezüglichen Vereinbarung zwischen den Parteien und unbeschadet der Anwendung der verbindlichen Vorschriften

der Mitgliedstaaten über die Höhe der Vergütungen hat der Handels-
vertreter Anspruch auf eine Vergütung, die an dem Ort, an dem er seine
Tätigkeit ausübt, für die Vertretung von Waren, die den Gegenstand des
Handelsvertretervertrags bilden, üblich ist. Mangels einer solchen
Üblichkeit hat der Handelsvertreter Anspruch auf eine angemessene
Vergütung, bei der alle mit dem Geschäft zusammenhängenden Fak-
toren berücksichtigt sind.

(2) Jeder Teil der Vergütung, der je nach Zahl oder Wert der Geschäfte
schwankt, gilt als Provision im Sinne dieser Richtlinie.

(3) Die Artikel 7 bis 12 gelten nicht, soweit der Handelsvertreter nicht
ganz oder teilweise in Form einer Provision vergütet wird.

Artikel 7

(1) Für ein während des Vertragsverhältnisses abgeschlossenes Geschäft
hat der Handelsvertreter Anspruch auf die Provision,

a)   wenn der Geschäftsabschluss auf seine Tätigkeit zurückzuführen ist
     oder

b)   wenn das Geschäft mit einem Dritten abgeschlossen wurde, den er
     bereits vorher für Geschäfte gleicher Art als Kunden geworben hatte.

(2) Für ein während des Vertragsverhältnisses abgeschlossenes Geschäft
hat der Handelsvertreter ebenfalls Anspruch auf die Provision,

–   wenn ihm ein bestimmter Bezirk oder Kundenkreis zugewiesen ist
     oder

–   wenn er die Alleinvertretung für einen bestimmten Bezirk oder
     Kundenkreis hat

und sofern das Geschäft mit einem Kunden abgeschlossen worden ist,
der diesem Bezirk oder dieser Gruppe angehört.

Die Mitgliedstaaten müssen in ihr Recht die eine oder die andere der
unter den beiden obigen Gedankenstrichen enthaltenen Alternativen
aufnehmen.

Artikel 8

Für ein erst nach Beendigung des Vertragsverhältnisses geschlossenes Geschäft hat der Handelsvertreter Anspruch auf Provision:

a) wenn der Geschäftsabschluss überwiegend auf die Tätigkeit zurückzuführen ist, die er während des Vertragsverhältnisses ausgeübt hat, und innerhalb einer angemessenen Frist nach dessen Beendigung erfolgt oder

b) wenn die Bestellung des Dritten gemäss Artikel 7 vor Beendigung des Handelsvertreterverhältnisses beim Unternehmer oder beim Handelsvertreter eingegangen ist.

Artikel 9

Der Handelsvertreter hat keinen Anspruch auf die Provision nach Artikel 7, wenn diese gemäss Artikel 8 dem Vorgänger zusteht, es sei denn, dass die Umstände eine Teilung der Provision zwischen den Handelsvertretern rechtfertigen.

Artikel 10

(1) Der Anspruch auf Provision besteht, sobald und soweit eines der folgenden Ereignisse eintritt:

a) der Unternehmer hat das Geschäft ausgeführt;

b) der Unternehmer hätte nach dem Vertrag mit dem Dritten das Geschäft ausführen sollen;

c) der Dritte hat das Geschäft ausgeführt.

(2) Der Anspruch auf Provision besteht spätestens, wenn der Dritte seinen Teil des Geschäfts ausgeführt hat oder ausgeführt haben müsste, falls der Unternehmer seinen Teil des Geschäfts ausgeführt hätte.

(3) Die Provision ist spätestens am letzten Tag des Monats zu zahlen, der auf das Quartal folgt, in welchem der Anspruch des Handelsvertreters auf Provision erworben worden ist.

(4) Von den Absätzen 2 und 3 darf nicht durch Vereinbarung zum Nachteil des Handelsvertreters abgewichen werden.

Artikel 11

(1) Der Anspruch auf Provision erlischt nur, wenn und soweit

– feststeht, dass der Vertrag zwischen dem Dritten und dem Unternehmer nicht ausgeführt wird, und

– die Nichtausführung nicht auf Umständen beruht, die vom Unternehmer zu vertreten sind.

(2) Vom Handelsvertreter bereits empfangene Provisionen sind zurückzuzahlen, falls der Anspruch darauf erloschen ist.

(3) Von Absatz 1 darf nicht durch Vereinbarung zum Nachteil des Handelsvertreters abgewichen werden.

Artikel 12

(1) Der Unternehmer hat dem Handelsvertreter eine Abrechnung über die geschuldeten Provisionen zu geben und zwar spätestens am letzten Tag des Monats, der auf das Quartal folgt, in dem der Provisionsanspruch erworben worden ist. Diese Abrechnung muss alle für die Berechnung der Provision wesentlichen Angaben enthalten.

(2) Der Handelsvertreter kann verlangen, dass ihm alle Auskünfte, insbesondere ein Auszug aus den Büchern, gegeben werden, über die der Unternehmer verfügt und die der Handelsvertreter zur Nachprüfung des Betrags der ihm zustehenden Provisionen benötigt.

(3) Von den Absätzen 1 und 2 darf nicht durch Vereinbarung zum Nachteil des Handelsvertreters abgewichen werden.

(4) Diese Richtlinie berührt nicht die einzelstaatlichen Bestimmungen, nach denen der Handelsvertreter ein Recht auf Einsicht in die Bücher des Unternehmers hat.

Kapitel IV   Abschluss und Beendigung des Handelsvertretervertrags

Artikel 13

(1) Jede Partei kann von der anderen Partei eine von dieser unterzeichneten Urkunde verlangen, die den Inhalt des Vertrages einschliess-

lich der Änderungen oder Ergänzungen wiedergibt. Dieser Anspruch kann nicht ausgeschlossen werden.

(2) Absatz 1 hindert einen Mitgliedstaat nicht daran vorzuschreiben, dass ein Vertretungsvertrag nur in schriftlicher Form gültig ist.

Artikel 14

Ein auf bestimmte Zeit geschlossener Vertrag, der nach Ende seiner Laufzeit von beiden Parteien fortgesetzt wird, gilt als in einen auf unbestimmte Zeit geschlossenen Vertrag umgewandelt.

Artikel 15

(1) Ist der Vertrag auf unbestimmte Zeit geschlossen, so kann er von jeder Partei unter Einhaltung einer Frist gekündigt werden.

(2) Die Kündigungsfrist beträgt für das erste Vertragsjahr einen Monat, für das angefangene zweite Vertragsjahr zwei Monate, für das angefangene dritte und die folgenden Vertragsjahre drei Monate. Kürzere Fristen dürfen die Parteien nicht vereinbaren.

(3) Die Mitgliedstaaten können die Kündigungsfrist für das vierte Vertragsjahr auf vier Monate, für das fünfte Vertragsjahr auf fünf Monate und für das sechste und die folgenden Vertragsjahre auf sechs Monate festsetzen. Sie können bestimmen, dass die Parteien kürzere Fristen nicht vereinbaren dürfen.

(4) Vereinbaren die Parteien längere Fristen als die der Absätze 2 und 3, so darf die vom Unternehmer einzuhaltende Frist nicht kürzer sein als die vom Handelsvertreter einzuhaltende Frist.

(5) Sofern die Parteien nicht etwas anderes vereinbart haben, ist die Kündigung nur zum Ende eines Kalendermonats zulässig.

(6) Dieser Artikel gilt auch für einen auf bestimmte Zeit geschlossenen Vertrag, der nach Artikel 14 in einen auf unbestimmte Zeit geschlossenen Vertrag umgewandelt wird, mit der Massgabe, dass bei der Berechnung der Dauer der Kündigungsfrist die vorher geltende feste Laufzeit zu berücksichtigen ist.

Artikel 16

Diese Richtlinie berührt nicht die Anwendung der Rechtsvorschriften der Mitgliedstaaten, wenn diese Rechtsvorschriften die fristlose Beendigung des Vertragsverhältnisses für den Fall vorsehen, dass

a) eine der Parteien ihren Pflichten insgesamt oder teilweise nicht nachgekommen ist,

b) aussergewöhnliche Umstände eintreten.

Artikel 17

(1) Die Mitgliedstaaten treffen die erforderlichen Massnahmen dafür, dass der Handelsvertreter nach Beendigung des Vertragsverhältnisses Anspruch auf Ausgleich nach Absatz 2 oder Schadenersatz nach Absatz 3 hat.

(2) a) Der Handelsvertreter hat Anspruch auf einen Ausgleich, wenn und soweit

– er für den Unternehmer neue Kunden geworben oder die Geschäftsverbindungen mit vorhandenen Kunden wesentlich erweitert hat und der Unternehmer aus den Geschäften mit diesen Kunden noch erhebliche Vorteile zieht und

– die Zahlung eines solchen Ausgleichs unter Berücksichtigung aller Umstände, insbesondere der dem Handelsvertreter aus Geschäften mit diesen Kunden entgehenden Provisionen, der Billigkeit entspricht. Die Mitgliedstaaten können vorsehen, dass zu diesen Umständen auch die Anwendung oder Nichtanwendung einer Wettbewerbsabrede im Sinne des Artikels 20 gehört.

b) Der Ausgleich darf einen Betrag nicht überschreiten, der einem jährlichen Ausgleich entspricht, der aus dem Jahresdurchschnittsbetrag der Vergütungen, die der Handelsvertreter während der letzten fünf Jahre erhalten hat, errechnet wird; ist der Vertrag vor weniger als fünf Jahren geschlossen worden, wird der Ausgleich nach dem Durchschnittsbetrag des entsprechenden Zeitraums ermittelt.

c) Die Gewährung dieses Ausgleichs schliesst nicht das Recht des Handelsvertreters aus, Schadenersatzansprüche geltend zu machen.

(3) Der Handelsvertreter hat Anspruch auf Ersatz des ihm durch die Beendigung des Vertragsverhältnisses mit dem Unternehmer entstandenen Schadens.

Dieser Schaden umfasst insbesondere

– den Verlust von Ansprüchen auf Provision, die dem Handelsvertreter bei normaler Fortsetzung des Vertrages zugestanden hätten und deren Nichtzahlung dem Unternehmer einen wesentlichen Vorteil aus der Tätigkeit des Handelsvertreters verschaffen würde, und/oder

– Nachteile, die sich aus der nicht erfolgten Amortisation von Kosten und Aufwendungen ergeben, die der Handelsvertreter in Ausführung des Vertrages auf Empfehlung des Unternehmers gemacht hatte.

(4) Der Anspruch auf Ausgleich nach Absatz 2 oder Schadenersatz nach Absatz 3 entsteht auch dann, wenn das Vertragsverhältnis durch Tod des Handelsvertreters endet.

(5) Der Handelsvertreter verliert den Anspruch auf Ausgleich nach Absatz 2 oder Schadenersatz nach Absatz 3, wenn er dem Unternehmer nicht innerhalb eines Jahres nach Beendigung des Vertragsverhältnisses mitgeteilt hat, dass er seine Rechte geltend macht.

(6) Die Kommission legt dem Rat innerhalb von acht Jahren nach Bekanntgabe dieser Richtlinie einen Bericht über die Durchführung dieses Artikels vor und unterbreitet ihm gegebenenfalls Änderungsvorschläge.

Artikel 18

Der Anspruch auf Ausgleich oder Schadenersatz nach Artikel 17 besteht nicht,

a) wenn der Unternehmer den Vertrag wegen eines schuldhaften Verhaltens des Handelsvertreters beendet hat, das aufgrund der einzelstaatlichen Rechtsvorschriften eine fristlose Beendigung des Vertrages rechtfertigt;

b) wenn der Handelsvertreter das Vertragsverhältnis beendet hat, es sei denn, diese Beendigung ist aus Umständen, die dem Unternehmer zuzurechnen sind, oder durch Alter, Gebrechen oder Krankheit des Handelsvertreters, derentwegen ihm eine Fortsetzung seiner Tätigkeit billigerweise nicht zugemutet werden kann, gerechtfertigt;

c) wenn der Handelsvertreter gemäss einer Vereinbarung mit dem Unternehmer die Rechte und Pflichten, die er nach dem Vertrag besitzt, an einen Dritten abtritt.

Artikel 19

Die Parteien können vor Ablauf des Vertrages keine Vereinbarungen treffen, die von Artikel 17 und 18 zum Nachteil des Handelsvertreters abweichen.

Artikel 20

(1) Eine Vereinbarung, die den Handelsvertreter nach Beendigung des Vertrages in seiner gewerblichen Tätigkeit einschränkt, wird in dieser Richtlinie als Wettbewerbsabrede bezeichnet.

(2) Eine Wettbewerbsabrede ist nur gültig, wenn und soweit sie

a) schriftlich getroffen worden ist und

b) sich auf den dem Handelsvertreter zugewiesenen Bezirk oder Kundenkreis sowie auf Warengattungen erstreckt, die gemäss dem Vertrag Gegenstand seiner Vertretung sind.

(3) Eine Wettbewerbsabrede ist längstens zwei Jahre nach Beendigung des Vertragsverhältnisses wirksam.

(4) Dieser Artikel berührt nicht die einzelstaatlichen Rechtsvorschriften, die weitere Beschränkungen der Wirksamkeit oder Anwendbarkeit der Wettbewerbsabreden vorsehen oder nach denen die Gerichte die Verpflichtungen der Parteien aus einer solchen Vereinbarung mindern können.

Kapitel V Allgemeine Schlussbestimmungen

Artikel 21

Diese Richtlinie verpflichtet keinen Mitgliedstaat, die Offenlegung von Informationen vorzuschreiben, wenn eine solche Offenlegung mit seiner öffentlichen Ordnung unvereinbar wäre.

Artikel 22

(1) Die Mitgliedstaaten erlassen die erforderlichen Vorschriften, um dieser Richtlinie vor dem 1. Januar 1990 nachzukommen. Sie setzen die Kommission unverzüglich davon in Kenntnis. Die genannten Bestimmungen finden zumindest auf die nach ihrem Inkrafttreten geschlossenen Verträge Anwendung. Sie finden auf laufende Verträge spätestens am 1. Januar 1994 Anwendung.

(2) Vom Zeitpunkt der Bekanntgabe dieser Richtlinie an teilen die Mitgliedstaaten der Kommission den Wortlaut der wesentlichen Rechts- oder Verwaltungsvorschriften mit, die sie auf dem unter diese Richtlinie fallenden Gebiet erlassen.

(3) Jedoch gilt bezüglich Irlands und des Vereinigten Königreichs anstelle des Datums 1. Januar 1990 in Artikel 1 der 1. Januar 1994.

Bezüglich Italiens gilt hinsichtlich der sich aus Artikel 17 ergebenden Verpflichtungen anstelle des genannten Datums der 1. Januar 1993.

Artikel 23

Diese Richtlinie ist an die Mitgliedstaaten gerichtet.

Geschehen zu Brüssel 18. Dezember 1986.

Im Namen des Rates
Der Präsident
M. Jopling

8.   EWR-Abkommen vom 2. Mai 1992: Artikel 53 bis 60

ABKOMMEN ÜBER DEN EUROPÄISCHEN WIRTSCHAFTSRAUM (EWR)

Hauptabkommen

TEIL IV WETTBEWERBS- UND SONSTIGE GEMEINSAME REGELN

KAPITEL 1 VORSCHRIFTEN FÜR UNTERNEHMEN

Artikel 53

(1) Mit diesem Abkommen unvereinbar und verboten sind alle Vereinbarungen zwischen Unternehmen, Beschlüsse von Unternehmensvereinigungen und aufeinander abgestimmte Verhaltensweisen, welche den Handel zwischen den Vertragsparteien zu beeinträchtigen geeignet sind und eine Verhinderung, Einschränkung oder Verfälschung des Wettbewerbs im räumlichen Geltungsbereich dieses Abkommens bezwecken oder bewirken, insbesondere

a) die unmittelbare oder mittelbare Festsetzung der An- oder Verkaufspreise oder sonstiger Geschäftsbedingungen;

b) die Einschränkung oder Kontrolle der Erzeugung, des Absatzes, der technischen Entwicklung oder der Investitionen;

c) die Aufteilung der Märkte oder Versorgungsquellen;

d) die Anwendung unterschiedlicher Bedingungen bei gleichwertigen Leistungen gegenüber Handelspartnern, wodurch diese im Wettbewerb benachteiligt werden;

e) die an den Abschluß von Verträgen geknüpfte Bedingung, dass die Vertragsparteien zusätzliche Leistungen annehmen, die weder sachlich noch nach Handelsbrauch in Beziehung zum Vertragsgegenstand stehen.

(2) Die nach diesem Artikel verbotenen Vereinbarungen oder Beschlüsse sind nichtig.

(3) Die Bestimmungen des Absatzes 1 können für nicht anwendbar erklärt werden auf

– Vereinbarungen oder Gruppen von Vereinbarungen zwischen Unternehmen,

– Beschlüsse oder Gruppen von Beschlüssen von Unternehmensvereinigungen,

– aufeinander abgestimmte Verhaltensweisen oder Gruppen von solchen,

die unter angemessener Beteiligung der Verbraucher an dem entstehenden Gewinn zur Verbesserung der Warenerzeugung oder -verteilung oder zur Förderung des technischen oder wirtschaftlichen Fortschritts beitragen, ohne dass den beteiligten Unternehmen

a) Beschränkungen auferlegt werden, die für die Verwirklichung dieser Ziele nicht unerlässlich sind, oder

b) Möglichkeiten eröffnet werden, für einen wesentlichen Teil der betreffenden Waren den Wettbewerb auszuschalten.

Artikel 54

Mit diesem Abkommen unvereinbar und verboten ist die missbräuchliche Ausnutzung einer beherrschenden Stellung im räumlichen Geltungsbereich dieses Abkommens oder in einem wesentlichen Teil desselben durch ein oder mehrere Unternehmen, soweit dies dazu führen kann, den Handel zwischen den Vertragsparteien zu beeinträchtigen.

Dieser Missbrauch kann insbesondere in folgendem bestehen:

a) der unmittelbaren oder mittelbaren Erzwingung von unangemessenen Einkaufs- oder Verkaufspreisen oder sonstigen Geschäftsbedingungen;

b) der Einschränkung der Erzeugung, des Absatzes oder der technischen Entwicklung zum Schaden der Verbraucher;

c) der Anwendung unterschiedlicher Bedingungen bei gleichwertigen
   Leistungen gegenüber Handelspartnern, wodurch diese im Wettbewerb benachteiligt werden;

d) der an den Abschluss von Verträgen geknüpften Bedingung, dass
   die Vertragspartner zusätzliche Leistungen annehmen, die weder
   sachlich noch nach Handelsbrauch in Beziehung zum Vertragsgegenstand stehen.

Artikel 55

(1) Unbeschadet der Bestimmungen des Protokolls 21 und Anhangs
XIV zur Durchführung der Artikel 53 und 54 achten die EG-Kommission und die in Artikel 108 Absatz 1 genannte EFTA-Überwachungsbehörde auf die Verwirklichung der in den Artikeln 53 und 54 niedergelegten Grundsätze.

Das gemäss Artikel 56 zuständige Überwachungsorgan untersucht von
Amts wegen, auf Antrag eines Staates in dem jeweiligen Zuständigkeitsbereich oder auf Antrag des anderen Überwachungsorgans die Fälle,
in denen Zuwiderhandlungen gegen diese Grundsätze vermutet werden.
Das zuständige Überwachungsorgan führt diese Untersuchungen in
Zusammenarbeit mit den zuständigen einzelstaatlichen Behörden in
dem jeweiligen Zuständigkeitsbereich und dem anderen Überwachungsorgan durch, das ihm nach Massgabe seiner Geschäftsordnung Amts-
hilfe leistet.

Stellt es eine Zuwiderhandlung fest, so schlägt es geeignete Mittel vor,
um diese abzustellen.

(2) Wird die Zuwiderhandlung nicht abgestellt, so trifft das zuständige Überwachungsorgan in einer mit Gründen versehenen Entscheidung
die Feststellung, dass eine derartige Zuwiderhandlung vorliegt.

Das zuständige Überwachungsorgan kann die Entscheidung veröffent-
lichen und die Staaten seines Zuständigkeitsbereichs ermächtigen, die
erforderlichen Abhilfemassnahmen zu treffen, deren Bedingungen und
Einzelheiten es festlegt. Es kann auch das andere Überwachungsorgan

ersuchen, die Staaten in dem jeweiligen Zuständigkeitsbereich zu ermächtigen, solche Massnahmen zu treffen.

Artikel 56

(1) Einzelfälle, die in den Anwendungsbereich des Artikels 53 fallen, werden von den Überwachungsorganen wie folgt entschieden:

a) Einzelfälle, die nur den Handel zwischen EFTA-Staaten beeinträchtigen, werden von der EFTA-Überwachungsbehörde entschieden.

b) Unbeschadet des Buchstabens c entscheidet die EFTA-Überwachungsbehörde nach Massgabe des Artikels 58, des Protokolls 21 und der diesbezüglichen Durchführungsbestimmungen, des Protokolls 23 und des Anhangs XIV in Fällen, in denen der Umsatz der betreffenden Unternehmen im Hoheitsgebiet der EFTA-Staaten 33% oder mehr ihres Umsatzes im räumlichen Geltungsbereich dieses Abkommens ausmacht.

c) In allen sonstigen Fällen sowie in Fällen gemäss Buchstabe b, die den Handel zwischen EG-Mitgliedstaaten beeinträchtigen, entscheidet die EG-Kommission unter Berücksichtigung der Bestimmungen des Artikels 58, des Protokolls 21, des Protokolls 23 und des Anhangs XIV.

(2) Einzelfälle, die in den Anwendungsbereich des Artikels 54 fallen, werden von dem Überwachungsorgan entschieden, in dessen Zuständigkeitsbereich die beherrschende Stellung festgestellt wird. Besteht die beherrschende Stellung in den Zuständigkeitsbereichen beider Überwachungsorgane, so gilt Absatz 1 Buchstaben b und c.

(3) Einzelfälle, die in den Anwendungsbereich des Absatzes 1 Buchstabe c fallen und die keine spürbaren Auswirkungen auf den Handel zwischen EG-Mitgliedstaaten oder auf den Wettbewerb innerhalb der Gemeinschaft haben, werden von der EFTA-Überwachungsbehörde entschieden.

(4) Die Begriffe "Unternehmen" und "Umsatz" im Sinne dieses Artikels werden in Protokoll 22 bestimmt.

Artikel 57

(1) Zusammenschlüsse, deren Kontrolle in Absatz 2 vorgesehen ist und die eine beherrschende Stellung begründen oder verstärken, durch die wirksamer Wettbewerb im räumlichen Geltungsbereich dieses Abkommens oder in einem wesentlichen Teil desselben erheblich behindert wird, werden für mit diesem Abkommen unvereinbar erklärt.

(2) Die Kontrolle der Zusammenschlüsse im Sinne des Absatzes 1 wird durchgeführt von:

a) der EG-Kommission in den unter die Verordnung (EWG) Nr. 4064/89 fallenden Fällen im Einklang mit jener Verordnung und den Protokollen 21 und 24 sowie dem Anhang XIV dieses Abkommens. Vorbehaltlich einer Überprüfung durch den Gerichtshof der Europäischen Gemeinschaften hat die EG-Kommission in diesen Fällen die alleinige Entscheidungsbefugnis;

b) der EFTA-Überwachungsbehörde in den nicht unter Buchstabe a genannten Fällen, sofern die einschlägigen Schwellen des Anhangs XIV im Hoheitsgebiet der EFTA-Staaten erreicht werden, im Einklang mit den Protokollen 21 und 24 sowie dem Anhang XIV und unbeschadet der Zuständigkeit der EG-Mitgliedstaaten.

Artikel 58

Die zuständigen Organe der Vertragsparteien arbeiten nach Massgabe der Protokolle 23 und 24 zusammen, um im gesamten Europäischen Wirtschaftsraum eine einheitliche Überwachung für den Wettbewerbsbereich zu entwickeln und aufrechtzuerhalten und um eine homogene Durchführung, Anwendung und Auslegung der einschlägigen Bestimmungen dieses Abkommens zu fördern.

Artikel 59

(1) Die Vertragsparteien sorgen dafür, dass in bezug auf öffentliche Unternehmen und auf Unternehmen, denen EG-Mitgliedstaaten oder EFTA-Staaten besondere oder ausschliessliche Rechte gewähren, keine Massnahmen getroffen oder beibehalten werden, die diesem Abkommen, insbesondere Artikel 4 und den Artikeln 53 bis 63, widersprechen.

(2) Für Unternehmen, die mit Dienstleistungen von allgemeinem wirtschaftlichen Interesse betraut sind oder den Charakter eines Finanzmonopols haben, gelten die Vorschriften dieses Abkommens, insbesondere die Wettbewerbsregeln, soweit die Anwendung dieser Vorschriften nicht die Erfüllung der ihnen übertragenen besonderen Aufgabe rechtlich oder tatsächlich verhindert. Die Entwicklung des Handelsverkehrs darf nicht in einem Ausmass beeinträchtigt werden, das dem Interesse der Vertragsparteien zuwiderläuft.

(3) Die EG-Kommission und die EFTA-Überwachungsbehörde achten im Rahmen ihrer jeweiligen Zuständigkeit auf die Anwendung dieses Artikels und treffen erforderlichenfalls die geeigneten Massnahmen gegenüber den Staaten in ihrem jeweiligen Zuständigkeitsbereich.

Artikel 60
Die besonderen Bestimmungen zur Durchführung der Grundsätze der Artikel 53, 54, 57 und 59 sind in Anhang XIV enthalten.

9.1 Auszug aus dem Bundesgesetz über Kartelle und ähnliche Organisationen vom 20. Dezember 1985

Bundesgesetz über Kartelle und ähnliche Organisationen (Kartellgesetz, KG) vom 20. Dezember 1985

Die Bundesversammlung der Schweizerischen Eidgenossenschaft,

gestützt auf die Artikel 31 bis, 64, 64 bis und 114 bis der Bundesverfassung, in Ausführung der wettbewerbsrechtlichen Bestimmungen internationaler Abkommen,

nach Einsicht in eine Botschaft des Bundesrates vom 13. Mai 1981, beschliesst:

1. Kapitel: Geltungsbereich

Art. 1 Grundsatz

(1) Das Gesetz ist anwendbar auf Kartelle und ähnliche Organisationen; es erfasst sowohl Unternehmen des privaten wie des öffentlichen Rechts.

(2) Es ist nicht anwendbar auf Verträge, Beschlüsse und Vorkehren, die ausschliesslich das Arbeitsverhältnis betreffen.

Art. 2 Kartelle

(1) Als Kartelle gelten Verträge, Beschlüsse oder rechtlich nicht erzwingbare Abreden, die mittels gemeinsamer Beschränkung des Wettbewerbes den Markt für bestimmte Waren oder Leistungen beeinflussen oder zu beeinflussen geeignet sind, namentlich durch die Regelung der Erzeugung, des Absatzes oder des Bezuges von Waren sowie der Preise und Geschäftsbedingungen.

(2) Empfehlungen sind dem Absatz 1 gleichgestellt, wenn sie offenkundig eine gemeinsame Wettbewerbsbeschränkung bewirken.

Art. 3 Preisbindungen der zweiten Hand

(1) Den Kartellen sind zwischen Lieferanten und ihren Abnehmern getroffene Abreden gleichgestellt, die bei der Weiterveräusserung von Waren die Einhaltung bestimmter Preise oder Geschäftsbedingungen vorschreiben. Dies gilt nur, wenn ein Kartell oder eine kartellähnliche Organisation eine solche Bindung auferlegt oder durchsetzt.

(2) Empfehlungen, bestimmte Preise oder Geschäftsbedingungen einzuhalten, sind dem Absatz 1 gleichgestellt, wenn sie offenkundig eine Preisbindung der zweiten Hand bewirken.

Art. 4 Kartellähnliche Organisationen

(1) Als kartellähnliche Organisationen gelten:

    a) einzelne Unternehmen;

    b) Unternehmen, die stillschweigend ihr Verhalten aufeinander abstimmen;

    c) die Zusammenfassung von Unternehmen durch Kapitalbeteiligung oder andere Mittel,

soweit sie den Markt für bestimmte Waren oder Leistungen beherrschen oder massgeblich beeinflussen.

(2) Bei der Beurteilung der Wettbewerbsverhältnisse sind alle dafür wesentlichen Tatsachen auf Seiten der Anbieter und der Nachfrager zu berücksichtigen, insbesondere die Anzahl der Wettbewerber und ihre Marktanteile, die Beschaffungs- und Absatzformen, die Finanzkraft, die Verflechtung von Unternehmen sowie die Abhängigkeit der Unternehmen der Marktgegenseite von der zu beurteilenden Organisation.

Art. 5 Verträge über Ausschliesslichkeit und Vertrieb

Den kartellähnlichen Organisationen sind gleichgestellt Abreden zwischen Lieferanten und Abnehmern über den ausschliesslichen Bezug oder Absatz bestimmter Waren oder Leistungen oder über die Beschränkung ihres Weitervertriebes, soweit solche Abreden den Markt massgeblich beeinflussen.

2. Kapitel: Zivil- und prozessrechtliche Bestimmungen

1. Abschnitt: Behinderung Dritter im Wettbewerb

Art. 6 Unzulässigkeit der Wettbewerbsbehinderung

(1) Vorkehren eines Kartells oder einer ähnlichen Organisation sind unzulässig, wenn sie Dritte vom Wettbewerb ausschliessen oder in dessen Aufnahme oder Ausübung in erheblicher Weise behindern.

(2) Als solche Vorkehren fallen insbesondere in Betracht:

　　a) die Liefersperre oder die Diskriminierung von Abnehmern bei den Preisen oder Geschäftsbedingungen;

　　b) die Bezugssperre, die Diskriminierung von Lieferanten bei den Preisen oder Geschäftsbedingungen oder das unzumutbare Fordern von Vorzugspreisen oder bevorzugten Geschäftsbedingungen;

　　c) die gegen bestimmte Wettbewerber gerichtete Unterbietung von Preisen oder Geschäftsbedingungen;

　　d) das Sperren von Arbeitskräften.

(3) Unzulässig sind auch Vorkehren, die Dritte gleichmässig in der Aufnahme oder Ausübung des Wettbewerbes erheblich behindern, insbesondere Koppelungsverträge.

Art. 7 Rechtfertigung der Wettbewerbsbehinderung

(1) Die Wettbewerbsbehinderung ist zulässig, wenn sie durch überwiegende schutzwürdige private Interessen gerechtfertigt ist und ihre Auswirkungen das Gesamtinteresse nicht verletzen; der Wettbewerb darf zudem im Verhältnis zum angestrebten Ziel sowie nach Art und Durchführung der Wettbewerbsbehinderung nicht übermässig beeinträchtigt werden.

(2) Überwiegende schutzwürdige Interessen sind insbesondere:

　　a) die Gewährleistung des lauteren und unverfälschten Wettbewerbes;

b) die Verwirklichung angemessener beruflicher und betrieblicher Voraussetzungen;

c) die Förderung der erwünschten Struktur eines Wirtschaftszweiges oder Berufes;

d) die Durchsetzung von Preisbindungen der zweiten Hand, soweit sie nötig sind, um die Qualität der Ware oder den Kundendienst zu gewährleisten; vorbehalten bleibt die Anwendung der Buchstaben a–c auf die Durchsetzung von Preisbindungen der zweiten Hand.

(3) Nicht als schutzwürdig gilt das Interesse, das ausschliesslich darauf gerichtet ist, neue Wettbewerber fernzuhalten.

9.2 Auszug aus dem revidierten Bundesgesetz über Kartelle und andere Wettbewerbsbeschränkungen vom 6. Oktober 1995

(Ablauf der Referendumsfrist: 15. Januar 1996)

Bundesgesetz über Kartelle und ähnliche Wettbewerbsbeschränkungen (Kartellgesetz, KG) vom 6. Oktober 1995

Die Bundesversammlung der Schweizerischen Eidgenossenschaft, gestützt auf die Artikel 31bis und 64 der Bundesverfassung, in Ausführung der wettbewerbsrechtlichen Bestimmungen internationaler Abkommen, nach Einsicht in die Botschaft des Bundesrates vom 23. November 1994, *beschliesst:*

1. Kapitel: Allgemeine Bestimmungen

Art. 1 Zweck

Dieses Gesetz bezweckt, volkswirtschaftlich oder sozial schädliche Auswirkungen von Kartellen und anderen Wettbewerbsbeschränkungen zu verhindern und damit den Wettbewerb im Interesse einer freiheitlichen marktwirtschaftlichen Ordnung zu fördern.

Art. 2 Geltungsbereich

(1) Das Gesetz gilt für Unternehmen des privaten und des öffentlichen Rechts, die Kartell- oder andere Wettbewerbsabreden treffen, Marktmacht ausüben oder sich an Unternehmenszusammenschlüssen beteiligen.

(2) Das Gesetz ist auf Sachverhalte anwendbar, die sich in der Schweiz auswirken, auch wenn sie im Ausland veranlasst werden.

...

Art. 4 Begriffe

(1) Als Wettbewerbsabreden gelten rechtlich erzwingbare oder nicht erzwingbare Vereinbarungen sowie aufeinander abgestimmte Verhaltens-

weisen von Unternehmen gleicher oder verschiedener Marktstufen, die eine Wettbewerbsbeschränkung bezwecken oder bewirken.

(2) Als marktbeherrschende Unternehmen gelten einzelne oder mehrere Unternehmen, die auf einem Markt als Anbieter oder Nachfrager in der Lage sind, sich von anderen Marktteilnehmern in wesentlichem Umfang unabhängig zu verhalten.

(3) Als Unternehmenszusammenschluss gilt:

    a. die Fusion von zwei oder mehr bisher voneinander unabhängigen Unternehmen;

    b. jeder Vorgang, wie namentlich der Erwerb einer Beteiligung oder der Abschluss eines Vertrages, durch den ein oder mehrere Unternehmen unmittelbar oder mittelbar die Kontrolle über ein oder mehrere bisher unabhängige Unternehmen oder Teile von solchen erlangen.

2. Kapitel: Materiellrechtliche Bestimmungen

1. Abschnitt: Unzulässige Wettbewerbsbeschränkungen

Art. 5 Unzulässige Wettbewerbsabreden

(1) Abreden, die den Wettbewerb auf einem Markt für bestimmte Waren oder Leistungen erheblich beeinträchtigen und sich nicht durch Gründe der wirtschaftlichen Effizienz rechtfertigen lassen, sowie Abreden, die zur Beseitigung wirksamen Wettbewerbs führen, sind unzulässig.

(2) Wettbewerbsabreden sind durch Gründe der wirtschaftlichen Effizienz gerechtfertigt, wenn sie:

    a. notwendig sind, um die Herstellungs- oder Vertriebskosten zu senken, Produkte oder Produktionsverfahren zu verbessern, die Forschung oder die Verbreitung von technischem oder beruflichem Wissen zu fördern oder um Ressourcen rationeller zu nutzen; und

    b. den beteiligten Unternehmen in keinem Fall Möglichkeiten eröffnen, wirksamen Wettbewerb zu beseitigen.

(3) Die Beseitigung wirksamen Wettbewerbs wird bei folgenden Abreden vermutet, sofern sie zwischen Unternehmen getroffen werden, die tatsächlich oder der Möglichkeit nach miteinander im Wettbewerb stehen:

    a. Abreden über die direkte oder indirekte Festsetzung von Preisen;

    b. Abreden über die Einschränkung von Produktions-, Bezugs- oder Liefermengen;

    c. Abreden über die Aufteilung von Märkten nach Gebieten oder Geschäftspartnern.

Art. 6 Gerechtfertigte Arten von Wettbewerbsabreden

(1) In Verordnungen oder allgemeinen Bekanntmachungen können die Voraussetzungen umschrieben werden, unter denen einzelne Arten von Wettbewerbsabreden aus Gründen der wirtschaftlichen Effizienz in der Regel als gerechtfertigt gelten. Dabei werden insbesondere die folgenden Abreden in Betracht gezogen;

    a. Abreden über die Zusammenarbeit bei der Forschung und Entwicklung;

    b. Abreden über die Spezialisierung und Rationalisierung, einschliesslich diesbezügliche Abreden über den Gebrauch von Kalkulationshilfen;

    c. Abreden über den ausschliesslichen Bezug oder Absatz bestimmter Waren oder Leistungen;

    d. Abreden über die ausschliessliche Lizenzierung von Rechten des geistigen Eigentums.

(2) Verordnungen und allgemeine Bekanntmachungen können auch besondere Kooperationsformen in einzelnen Wirtschaftszweigen, namentlich Abreden über die rationelle Umsetzung von öffentlich-rechtlichen Vorschriften zum Schutze von Kunden oder Anlegern im Bereich der Finanzdienstleistungen, als in der Regel gerechtfertigte Wettbewerbsabreden bezeichnen.

(3) Allgemeine Bekanntmachungen werden von der Wettbewerbskommission im Bundesblatt veröffentlicht. Verordnungen im Sinne der Absätze 1 und 2 werden vom Bundesrat erlassen.

Art. 7 Unzulässige Verhaltensweisen marktbeherrschender Unternehmen

(1) Marktbeherrschende Unternehmen verhalten sich unzulässig, wenn sie durch den Missbrauch ihrer Stellung auf dem Markt andere Unternehmen in der Aufnahme oder Ausübung des Wettbewerbs behindern oder die Marktgegenseite benachteiligen.

(2) Als solche Verhaltensweisen fallen insbesondere in Betracht:

a. die Verweigerung von Geschäftsbeziehungen (z.B. die Liefer- oder Bezugssperre);

b. die Diskriminierung von Handelspartnern bei Preisen oder sonstigen Geschäftsbedingungen;

c. die Erzwingung unangemessener Preise oder sonstiger unangemessener Geschäftsbedingungen;

d. die gegen bestimmte Wettbewerber gerichtete Unterbietung von Preisen oder sonstigen Geschäftsbedingungen;

e. die Einschränkung der Erzeugung, des Absatzes oder der technischen Entwicklung;

f. die an den Abschluss von Verträgen gekoppelte Bedingung, dass die Vertragspartner zusätzliche Leistungen annehmen oder erbringen.

Art. 8 Ausnahmsweise Zulassung aus überwiegenden öffentlichen Interessen

Wettbewerbsabreden und Verhaltensweisen marktbeherrschender Unternehmen, die von der zuständigen Behörde für unzulässig erklärt wurden, können vom Bundesrat auf Antrag der Beteiligten zugelassen werden, wenn sie ausnahmsweise notwendig sind, um überwiegende öffentliche Interessen zu verwirklichen.

...

10.　EG Prokuktehaftpflichtrichtlinie vom 25. Juli 1985

RICHTLINIE DES RATES

vom 25. Juli 1985 zur Angleichung der Rechts- und Verwaltungsvorschriften der Mitgliedstaaten über die Haftung für fehlerhafte Produkte (85/374/EWG)

DER RAT DER EUROPÄISCHEN GEMEINSCHAFTEN -

gestützt auf den Vertrag zur Gründung der Europäischen Wirtschaftsgemeinschaft, insbesondere auf Artikel 100,

auf Vorschlag der Kommission,

nach Stellungnahme des Europäischen Parlaments,

nach Stellungnahme des Wirtschafts- und Sozialausschusses,

in Erwägung nachstehender Gründe:

Eine Angleichung der einzelstaatlichen Rechtsvorschriften über die Haftung des Herstellers für Schäden, die durch die Fehlerhaftigkeit seiner Produkte verursacht worden sind, ist erforderlich, weil deren Unterschiedlichkeit den Wettbewerb verfälschen, den freien Warenverkehr innerhalb des Gemeinsamen Marktes beeinträchtigen und zu einem unterschiedlichen Schutz des Verbrauchers vor Schädigungen seiner Gesundheit und seines Eigentums durch ein fehlerhaftes Produkt führen kann.

Nur bei einer verschuldensunabhängigen Haftung des Herstellers kann das unserem Zeitalter fortschreitender Technisierung eigene Problem einer gerechten Zuweisung der mit der modernen, technischen Produktion verbundenen Risiken in sachgerechter Weise gelöst werden.

Die Haftung darf sich nur auf bewegliche Sachen erstrecken, die industriell hergestellt werden. Folglich sind landwirtschaftliche Produkte und Jagderzeugnisse von der Haftung auszuschliessen, ausser wenn sie einer industriellen Verarbeitung unterzogen worden sind, die Ursache eines Fehlers dieses Erzeugnisses sein kann. Die in dieser Richtlinie vorzusehende Haftung muss auch für bewegliche Sachen gelten, die bei der Errichtung von Bauwerken verwendet oder in Bauwerke eingebaut werden.

Der Schutz des Verbrauchers erfordert es, dass alle am Produktionsprozess Beteiligten haften, wenn das Endprodukt oder der von ihnen gelieferte Bestandteil oder Grundstoff fehlerhaft war. Aus demselben Grunde hat die Person, die Produkte in die Gemeinschaft einführt, sowie jede Person zu haften, die sich als Hersteller ausgibt, indem sie ihren Namen, ihr Warenzeichen oder ein anderes Erkennungszeichen anbringt, oder die ein Produkt liefert, dessen Hersteller nicht festgestellt werden kann.

Haften mehrere Personen für denselben Schaden, so erfordert der Schutz des Verbrauchers, dass der Geschädigte eine jede für den vollen Ersatz des Schadens in Anspruch nehmen kann.

Damit der Verbraucher in seiner körperlichen Unversehrtheit und seinem Eigentum geschützt wird, ist zur Bestimmung der Fehlerhaftigkeit eines Produkts nicht auf dessen mangelnde Gebrauchsfähigkeit, sondern auf einen Mangel an Sicherheit abzustellen, die von der Allgemeinheit berechtigterweise erwartet werden darf. Bei der Beurteilung dieser Sicherheit wird von jedem missbräuchlichen Gebrauch des Produkts abgesehen, der unter den betreffenden Umständen als unvernünftig gelten muss.

Eine gerechte Verteilung der Risiken zwischen dem Geschädigten und dem Hersteller bedingt, dass es dem Hersteller möglich sein muss, sich von der Haftung zu befreien, wenn er den Beweis für ihn entlastende Umstände erbringt.

Der Schutz des Verbrauchers erfordert, dass die Haftung des Herstellers nicht durch Handlungen anderer Personen beeinträchtigt wird, die zur Verursachung des Schadens beigetragen haben. Ein Mitverschulden des

Geschädigten kann jedoch berücksichtigt werden und die Haftung mindern oder ausschliessen.

Der Schutz des Verbrauchers erfordert die Wiedergutmachung von Schäden, die durch Tod und Körperverletzungen verursacht wurden, sowie die Wiedergutmachung von Sachschäden. Letztere ist jedoch auf Gegenstände des privaten Ge- bzw. Verbrauchs zu beschränken und zur Vermeidung einer allzu grossen Zahl von Streitfällen um eine Selbstbeteiligung in fester Höhe zu vermindern. Die Richtlinie berührt nicht die Gewährung von Schmerzensgeld und die Wiedergutmachung anderer seelischer Schäden, die gegebenenfalls nach dem im Einzelfall anwendbaren Recht vorgesehen sind.

Eine einheitlich bemessene Verjährungsfrist für Schadenersatzansprüche liegt sowohl im Interesse des Geschädigten als auch des Herstellers.

Produkte nutzen sich im Laufe der Zeit ab, es werden strengere Sicherheitsnormen entwickelt, und die Erkenntnisse von Wissenschaft und Technik schreiten fort. Es wäre daher unbillig, den Hersteller zeitlich unbegrenzt für Mängel seiner Produkte haftbar zu machen. Seine Haftung hat somit nach einem angemessenen Zeitraum zu erlöschen, wobei ein rechtshängiger Anspruch jedoch nicht berührt wird.

Damit ein wirksamer Verbraucherschutz gewährleistet ist, darf es nicht möglich sein, die Haftung des Herstellers gegenüber dem Geschädigten durch eine Vertragsklausel abweichend zu regeln.

Nach den Rechtssystemen der Mitgliedstaaten kann der Geschädigte aufgrund einer vertraglichen Haftung oder aufgrund einer anderen als der in dieser Richtlinie vorgesehenen ausservertraglichen Haftung Anspruch auf Schadenersatz haben. Soweit derartige Bestimmungen ebenfalls auf die Verwirklichung des Ziels eines wirksamen Verbraucherschutzes ausgerichtet sind, dürfen sie von dieser Richtlinie nicht beeinträchtigt werden. Soweit in einem Mitgliedstaat ein wirksamer Verbraucherschutz im Arzneimittelbereich auch bereits durch eine besondere Haftungsregelung gewährleistet ist, müssen Klagen aufgrund dieser Regelung ebenfalls weiterhin möglich sein.

Da die Haftung für nukleare Schäden in allen Mitgliedstaaten bereits ausreichenden Sonderregelungen unterliegt, können Schäden dieser Art aus dem Anwendungsbereich dieser Richtlinie ausgeschlossen werden. Der Ausschluss von landwirtschaftlichen Naturprodukten und Jagderzeugnissen aus dem Anwendungsbereich dieser Richtlinie kann in einigen Mitgliedstaaten in Anbetracht der Erfordernisse des Verbraucherschutzes als ungerechtfertigte Einschränkung dieses Schutzes empfunden werden; deshalb müssen die Mitgliedstaaten die Haftung auf diese Produkte ausdehnen können.

Aus ähnlichen Gründen kann es in einigen Mitgliedstaaten als ungerechtfertigte Einschränkung des Verbraucherschutzes empfunden werden, dass ein Hersteller sich von der Haftung befreien kann, wenn er den Beweis erbringt, dass der Stand der Wissenschaft und Technik zu dem Zeitpunkt, zu dem er das betreffende Erzeugnis in den Verkehr gebracht hat, es nicht gestattete, die Existenz des Fehlers festzustellen. Die Mitgliedstaaten müssen daher die Möglichkeit haben, einschlägige Rechtsvorschriften, denen zufolge ein solcher Beweis nicht von der Haftung befreien kann, beizubehalten bzw. dahingehende Rechtsvorschriften zu erlassen. Werden entsprechende neue Rechtsvorschriften eingeführt, so muss jedoch die Inanspruchnahme einer derartigen Abweichung von einem gemeinschaftlichen Stillhalteverfahren abhängig gemacht werden, damit der Umfang des Schutzes in der Gemeinschaft möglichst in einheitlicher Weise erweitert wird.

In Anbetracht der Rechtstraditionen in den meisten Mitgliedstaaten empfiehlt es sich nicht, für die verschuldensunabhängige Haftung des Herstellers eine finanzielle Obergrenze festzulegen. Da es jedoch auch andere Rechtstraditionen gibt, erscheint es möglich, den Mitgliedstaaten das Recht einzuräumen, vom Grundsatz der unbeschränkten Haftung abzuweichen und für Todesfälle und Körperverletzungen, die durch gleiche Artikel mit demselben Fehler verursacht wurden, die Gesamthaftung des Herstellers zu begrenzen, sofern diese Begrenzung hoch genug angesetzt wird, um einen angemessenen Schutz der Verbraucher und ein einwandfreies Funktionieren des Gemeinsamen Marktes sicherzustellen.

Mit dieser Richtlinie lässt sich vorerst keine vollständige Harmonisierung erreichen, sie öffnet jedoch den Weg für eine umfassendere Harmonisierung. Der Rat sollte von der Kommission daher regelmässig mit Berichten über die Durchführung dieser Richtlinie befasst werden, denen gegebenenfalls entsprechende Vorschläge beizufügen wären.

Im Hinblick darauf ist es besonders wichtig, dass die Bestimmungen der Richtlinie, die den Mitgliedstaaten Abweichungen ermöglichen, nach einem ausreichend langen Zeitraum überprüft werden, sobald genügend praktische Erfahrungen über die Auswirkungen dieser Abweichungen auf den Verbraucherschutz und auf das Funktionieren des Gemeinsamen Marktes gesammelt worden sind. -

HAT FOLGENDE RICHTLINIEN ERLASSEN:

Artikel 1

Der Hersteller eines Produkts haftet für den Schaden, der durch einen Fehler dieses Produkts verursacht worden ist.

Artikel 2

Bei der Anwendung dieser Richtlinie gilt als "Produkt" jede bewegliche Sache, ausgenommen landwirtschaftliche Naturprodukte und Jagderzeugnisse, auch wenn sie einen Teil einer anderen beweglichen Sache oder einer unbeweglichen Sache bildet. Unter "landwirtschaftlichen Naturprodukten" sind Boden-, Tierzucht- und Fischereierzeugnisse zu verstehen, ausgenommen Produkte, die einer ersten Verarbeitung unterzogen wurden. Unter "Produkt" ist auch Elektrizität zu verstehen.

Artikel 3

(1) "Hersteller" ist der Hersteller des Endprodukts, eines Grundstoffs oder eines Teilprodukts sowie jede Person, die sich als Hersteller ausgibt, indem sie ihren Namen, ihr Warenzeichen oder ein anderes Erkennungszeichen auf dem Produkt anbringt.

(2) Unbeschadet der Haftung des Herstellers gilt jede Person, die ein Produkt zum Zweck des Verkaufs, der Vermietung, des Mietkaufs oder einer anderen Form des Vertriebs im Rahmen ihrer geschäftlichen Tätig-

keit in die Gemeinschaft einführt, im Sinne dieser Richtlinie als Hersteller dieses Produkts und haftet wie der Hersteller.

(3) Kann der Hersteller des Produkts nicht festgestellt werden, so wird jeder Lieferant als dessen Hersteller behandelt, es sei denn, dass er dem Geschädigten innerhalb angemessener Zeit den Hersteller oder diejenige Person benennt, die ihm das Produkt geliefert hat. Dies gilt auch für eingeführte Produkte, wenn sich bei diesen der Importeur im Sinne des Absatzes 2 nicht feststellen lässt, selbst wenn der Name des Herstellers angegeben ist.

Artikel 4
Der Geschädigte hat den Schaden, den Fehler und den ursächlichen Zusammenhang zwischen Fehler und Schaden zu beweisen.

Artikel 5
Haften aufgrund dieser Richtlinie mehrere Personen für denselben Schaden, so haften sie unbeschadet des einzelstaatlichen Rückgriffsrechts gesamtschuldnerisch.

Artikel 6
(1) Ein Produkt ist fehlerhaft, wenn es nicht die Sicherheit bietet, die man unter Berücksichtigung aller Umstände, insbesondere

a) der Darbietung des Produkts,

b) des Gebrauchs des Produkts, mit dem billigerweise gerechnet werden kann,

c) des Zeitpunkts, zu dem das Produkt in den Verkehr gebracht wurde,

zu erwarten berechtigt ist.

(2) Ein Produkt kann nicht allein deshalb als fehlerhaft angesehen werden, weil später ein verbessertes Produkt in den Verkehr gebracht wurde.

Artikel 7
Der Hersteller haftet aufgrund dieser Richtlinie nicht, wenn er beweist,

a) dass er das Produkt nicht in den Verkehr gebracht hat;

b) dass unter Berücksichtigung der Umstände davon auszugehen ist, dass der Fehler, der den Schaden verursacht hat, nicht vorlag, als das Produkt von ihm in den Verkehr gebracht wurde, oder dass dieser Fehler später entstanden ist;

c) dass er das Produkt weder für den Verkauf oder eine andere Form des Vertriebs mit wirtschaftlichen Zweck hergestellt noch im Rahmen seiner beruflichen Tätigkeit hergestellt oder vertrieben hat;

d) dass der Fehler darauf zurückzuführen ist, dass das Produkt verbindlichen hoheitlich erlassenen Normen entspricht;

e) dass der vorhandene Fehler nach dem Stand der Wissenschaft und Technik zu dem Zeitpunkt, zu dem er das betreffende Produkt in den Verkehr brachte, nicht erkannt werden konnte;

f) wenn es sich um den Hersteller eines Teilproduktes handelt, dass der Fehler durch die Konstruktion des Produkts in welches das Teilprodukt eingearbeitet wurde, oder durch die Anleitungen des Herstellers des Produktes verursacht worden ist.

Artikel 8

(1) Unbeschadet des einzelstaatlichen Rückgriffsrechts wird die Haftung eines Herstellers nicht gemindert, wenn der Schaden durch einen Fehler des Produkts und zugleich durch die Handlung eines Dritten verursacht worden ist.

(2) Die Haftung des Herstellers kann unter Berücksichtigung aller Umstände gemindert werden oder entfallen, wenn der Schaden durch einen Fehler des Produkts und zugleich durch Verschulden des Geschädigten oder einer Person, für die der Geschädigte haftet, verursacht worden ist.

Artikel 9

Der Begriff "Schaden" im Sinne des Artikels 1 umfasst

a) den durch Tod und Körperverletzung verursachten Schaden;

b) die Beschädigung oder Zerstörung einer anderen Sache als des fehlerhaften Produktes – bei einer Selbstbeteiligung von 500 ECU –,
sofern diese Sache

   i) von einer Art ist, wie sie gewöhnlich für den privaten Ge- oder
Verbrauch bestimmt ist, und

   ii) von dem Geschädigten hauptsächlich zum privaten Ge- oder
Verbrauch verwendet worden ist.

Dieser Artikel berührt nicht die Rechtsvorschriften der Mitgliedstaaten
betreffend immaterielle Schäden.

Artikel 10

(1) Die Mitgliedstaaten sehen in ihren Rechtsvorschriften vor, dass der
aufgrund dieser Richtlinie vorgesehene Ersatzanspruch nach Ablauf
einer Frist von drei Jahren ab dem Tage verjährt, an dem der Kläger von
dem Schaden, dem Fehler und der Identität des Herstellers Kenntnis
erlangt hat oder hätte erlangen müssen.

(2) Die Rechtsvorschriften der Mitgliedstaaten über die Hemmung oder
Unterbrechung der Verjährung werden durch diese Richtlinie nicht
berührt.

Artikel 11

Die Mitgliedstaaten sehen in ihren Rechtsvorschriften vor, dass die dem
Geschädigten aus dieser Richtlinie erwachsenen Ansprüche nach Ablauf
einer Frist von zehn Jahren ab dem Zeitpunkt erlöschen, zu dem der
Hersteller das Produkt, welches den Schaden verursacht hat, in den Verkehr gebracht hat, es sei denn, der Geschädigte hat in der Zwischenzeit
ein gerichtliches Verfahren gegen den Hersteller eingeleitet.

Artikel 12

Die Haftung des Herstellers aufgrund dieser Richtlinie kann gegenüber
dem Geschädigten nicht durch eine die Haftung begrenzende oder von
der Haftung befreiende Klausel begrenzt oder ausgeschlossen werden.

Artikel 13

Die Ansprüche, die ein Geschädigter aufgrund der Vorschriften über die
vertragliche und ausservertragliche Haftung oder aufgrund einer zum

Zeitpunkt der Bekanntgabe dieser Richtlinie bestehenden besonderen Haftungsregelungen geltend machen kann, werden durch diese Richtlinie nicht berührt.

Artikel 14

Diese Richtlinie ist nicht auf Schäden infolge eines nuklearen Zwischenfalls anwendbar, die in von den Mitgliedstaaten ratifizierten internationalen Übereinkommen erfasst sind.

Artikel 15

(1) Jeder Mitgliedstaat kann

  a) abweichend von Artikel 2 in seinen Rechtsvorschriften vorsehen, dass der Begriff "Produkt" im Sinne von Artikel 1 auch landwirtschaftliche Naturprodukte und Jagderzeugnisse umfasst;

  b) abweichend von Artikel 7 Buchstabe e) in seinen Rechtsvorschriften die Regelung beibehalten oder – vorbehältlich des Verfahrens nach Absatz 2 des vorliegenden Artikels – vorsehen, dass der Hersteller auch dann haftet, wenn er beweist, dass der vorhandene Fehler nach dem Stand der Wissenschaft und Technik zu dem Zeitpunkt, zu dem er das betreffende Produkt in den Verkehr brachte, nicht erkannt werden konnte.

(2) Will ein Mitgliedstaat eine Regelung nach Absatz 1 Buchstabe b) einführen, so teilt er der Kommission den Wortlaut der geplanten Regelung mit; die Kommission unterrichtet die übrigen Mitgliedstaaten hiervon.

Der betreffende Mitgliedstaat führt die geplante Regelung erst neun Monate nach Unterrichtung der Kommission und nur dann ein, wenn diese dem Rat in der Zwischenzeit keinen einschlägigen Änderungsvorschlag zu dieser Richtlinie vorgelegt hat. Bringt die Kommission jedoch innerhalb von drei Monaten nach der Unterrichtung dem betreffenden Mitgliedstaat nicht ihre Absicht zur Kenntnis, dem Rat einen derartigen Vorschlag zu unterbreiten, so kann der Mitgliedstaat die geplante Regelung unverzüglich einführen.

Legt die Kommission dem Rat innerhalb der genannten Frist von neun Monaten einen derartigen Änderungsvorschlag zu dieser Richtlinie vor, so stellt der betreffende Mitgliedstaat die geplante Regelung für einen weiteren Zeitraum von achtzehn Monaten nach der Unterbreitung dieses Vorschlags zurück.

(3) Zehn Jahre nach dem Zeitpunkt der Bekanntgabe dieser Richtlinie legt die Kommission dem Rat einen Bericht darüber vor, wie sich die Anwendung des Artikels 7 Buchstabe e) und des Absatzes 1 Buchstabe b) des vorliegenden Artikels durch die Gerichte auf den Verbraucherschutz und das Funktionieren des Gemeinsamen Marktes ausgewirkt hat. Der Rat entscheidet unter Berücksichtigung dieses Berichts nach Massgabe des Artikels 100 des Vertrages auf Vorschlag der Kommission über die Aufhebung des Artikels 7 Buchstabe e).

Artikel 16

(1) Jeder Mitgliedstaat kann vorsehen, dass die Gesamthaftung des Herstellers für die Schäden infolge von Tod oder Körperverletzungen, die durch gleiche Artikel mit demselben Fehler verursacht wurden, auf einen Betrag von nicht weniger als 70 Millionen ECU begrenzt wird.

(2) Zehn Jahre nach dem Zeitpunkt der Bekanntgabe dieser Richtlinie unterbreitet die Kommission dem Rat einen Bericht über die Frage, wie sich diese Haftungsbegrenzung durch diejenigen Mitgliedstaaten, die von der in Absatz 1 vorgesehenen Möglichkeit Gebrauch gemacht haben, auf den Verbraucherschutz und das Funktionieren des Gemeinsamen Marktes ausgewirkt hat. Der Rat entscheidet unter Berücksichtigung dieses Berichts nach Massgabe des Artikels 100 des Vertrages auf Vorschlag der Kommission über die Aufhebung des Absatzes 1.

Artikel 17

Diese Richtlinie ist nicht auf Produkte anwendbar, die in den Verkehr gebracht wurden, bevor die in Artikel 19 genannten Vorschriften in Kraft getreten sind.

Artikel 18

(1) Als ECU im Sinne dieser Richtlinie gilt die Rechnungseinheit, die durch die Verordnung (EWG) Nr. 3180/78 in der Fassung der Verordnung (EWG) Nr. 2626/84, festgelegt worden ist. Der Gegenwert in nationaler Währung ist bei der ersten Festsetzung derjenige, welcher am Tag der Annahme dieser Richtlinie gilt.

(2) Der Rat prüft auf Vorschlag der Kommission alle fünf Jahre die Beträge dieser Richtlinie unter Berücksichtigung der wirtschaftlichen und monetären Entwicklung in der Gemeinschaft und ändert diese Beträge gegebenenfalls.

Artikel 19

(1) Die Mitgliedstaaten erlassen die erforderlichen Rechts- und Verwaltungsvorschriften, um dieser Richtlinie spätestens drei Jahre nach ihrer Bekanntgabe nachzukommen. Sie setzen die Kommission unverzüglich davon in Kenntnis.

(2) Das in Artikel 15 Absatz 2 vorgesehene Verfahren ist vom Tag der Bekanntgabe der Richtlinie an anzuwenden.

Artikel 20

Die Mitgliedstaaten teilen der Kommission den Wortlaut der wichtigsten innerstaatlichen Rechtsvorschriften mit, die sie auf dem unter diese Richtlinie fallenden Gebiet erlassen.

Artikel 21

Die Kommission legt dem Rat alle fünf Jahre einen Bericht über die Anwendung dieser Richtlinie vor und unterbreitet ihm gegebenenfalls geeignete Vorschläge.

Artikel 22

Diese Richtlinie ist an die Mitgliedstaaten gerichtet.

Geschehen zu Brüssel am 25. Juli 1985

Im Namen des Rates
Der Präsident
J. Poos

11. Bundesgesetz über die Produktehaftpflicht vom 18. Juni 1993

Bundesgesetz über die Produktehaftpflicht (Produktehaftpflichtgesetz PrHG) vom 18. Juni 1993

Die Bundesversammlung der Schweizerischen Eidgenossenschaft, gestützt auf Artikel 64 der Bundesverfassung, nach Einsicht in die Botschaft des Bundesrates vom 24. Februar 1993, beschliesst:

Art. 1 Grundsatz

(1) Die herstellende Person (Herstellerin) haftet für den Schaden, wenn ein fehlerhaftes Produkt dazu führt, dass

   a) eine Person getötet oder verletzt wird;

   b) eine Sache beschädigt oder zerstört wird, die nach ihrer Art gewöhnlich zum privaten Gebrauch oder Verbrauch bestimmt und hauptsächlich privat verwendet worden ist.

(2) Die Herstellerin haftet nicht für den Schaden am fehlerhaften Produkt.

Art. 2 Herstellerin

(1) Als Herstellerin im Sinne dieses Gesetzes gilt:

   a) die Person, die das Endprodukt, einen Grundstoff oder ein Teilprodukt hergestellt hat;

   b) jede Person, die sich als Herstellerin ausgibt, indem sie ihren Namen, ihr Warenzeichen oder ein anderes Erkennungszeichen auf dem Produkt anbringt;

   c) jede Person, die ein Produkt zum Zweck des Verkaufs, der Vermietung, des Mietkaufs oder einer anderen Form des Vertriebs im Rahmen ihrer geschäftlichen Tätigkeit einführt; dabei bleiben abweichende Bestimmungen in völkerrechtlichen Verträgen vorbehalten.

(2) Kann die Herstellerin des Produkts nicht festgestellt werden, so gilt jede Person als Herstellerin, welche das Produkt geliefert hat, sofern sie dem Geschädigten nach einer entsprechenden Aufforderung nicht innerhalb einer angemessenen Frist die Herstellerin oder die Person nennt, die ihr das Produkt geliefert hat.

(3) Abs. 2 gilt auch für Produkte, bei denen nicht festgestellt werden kann, wer sie eingeführt hat, selbst wenn der Name der Herstellerin angegeben ist.

Art. 3 Produkt

(1) Als Produkte im Sinne dieses Gesetzes gelten:

   a) jede bewegliche Sache, auch wenn sie einen Teil einer anderen beweglichen Sache oder einer unbeweglichen Sache bildet, und

   b) Elektrizität.

(2) Landwirtschaftliche Bodenerzeugnisse sowie Tierzucht-, Fischerei- und Jagderzeugnisse gelten erst dann als Produkte, wenn sie einer ersten Verarbeitung unterzogen worden sind.

Art. 4 Fehler

(1) Ein Produkt ist fehlerhaft, wenn es nicht die Sicherheit bietet, die man unter Berücksichtigung aller Umstände zu erwarten berechtigt ist; insbesondere sind zu berücksichtigen:

   a) die Art und Weise, wie es dem Publikum präsentiert wird;

   b) der Gebrauch, mit dem vernünftigerweise gerechnet werden kann;

   c. der Zeitpunkt, in dem es in den Verkehr gebracht wurde.

(2) Ein Produkt ist nicht allein deshalb fehlerhaft, weil später ein verbessertes Produkt in Verkehr gebracht wurde.

Art. 5 Ausnahmen von der Haftung

(1) Die Herstellerin haftet nicht, wenn sie beweist, dass

   a) sie das Produkt nicht in Verkehr gebracht hat;

b) nach den Umständen davon auszugehen ist, dass der Fehler, der den Schaden verursacht hat, noch nicht vorlag, als sie das Produkt in den Verkehr brachte;

c) sie das Produkt weder für den Verkauf oder eine andere Form des Vertriebs mit wirtschaftlichem Zweck hergestellt noch im Rahmen ihrer beruflichen Tätigkeit hergestellt oder vertrieben hat;

d) der Fehler darauf zurückzuführen ist, dass das Produkt verbindlichen hoheitlich erlassenen Vorschriften entspricht;

e) der Fehler nach dem Stand der Wissenschaft und Technik im Zeitpunkt, in dem das Produkt in Verkehr gebracht wurde, nicht erkannt werden konnte.

(2) Die Herstellerin eines Grundstoffs oder eines Teilprodukts haftet ferner nicht, wenn sie beweist, dass der Fehler durch die Konstruktion des Produkts, in das der Grundstoff oder das Teilprodukt eingearbeitet wurde, oder durch die Anleitungen der Herstellerin dieses Produkts verursacht worden ist.

Art. 6 Selbstbehalt bei Sachschäden

(1) Der Geschädigte muss Sachschäden bis zur Höhe von 900 Franken selber tragen.

(2) Der Bundesrat kann den Betrag gemäss Absatz 1 den veränderten Verhältnissen anpassen.

Art. 7 Solidarhaftung

Sind für den Schaden, der durch ein fehlerhaftes Produkt verursacht worden ist, mehrere Personen ersatzpflichtig, so haften sie solidarisch.

Art. 8 Wegbedingung der Haftung

Vereinbarungen, welche die Haftpflicht nach diesem Gesetz gegenüber dem Geschädigten beschränken oder wegbedingen, sind nichtig.

Art. 9 Verjährung

Ansprüche nach diesem Gesetz verjähren drei Jahre nach dem Tag, an dem der Geschädigte Kenntnis vom Schaden, dem Fehler und von der Person der Herstellerin erlangt hat oder hätte erlangen müssen.

Art. 10 Verwirkung

(1) Ansprüche nach diesem Gesetz verwirken zehn Jahre nach dem Tag, an dem die Herstellerin das Produkt, das den Schaden verursacht hat, in den Verkehr gebracht hat.

(2) Die Verwirkungsfrist gilt als gewahrt, wenn gegen die Herstellerin binnen zehn Jahren geklagt wird.

Art. 11 Verhältnis zu andern Bestimmungen des eidgenössischen oder kantonalen Rechts

(1) Soweit dieses Gesetz nichts anderes vorsieht, gelten die Bestimmungen des Obligationenrechts.

(2) Schadenersatzansprüche aufgrund des Obligationenrechts oder anderer Bestimmungen des eidgenössischen oder des kantonalen öffentlichen Rechts bleiben dem Geschädigten gewahrt.

(3) Dieses Gesetz ist nicht anwendbar auf Schäden infolge eines nuklearen Zwischenfalls. Abweichende Bestimmungen in völkerrechtlichen Verträgen sind vorbehalten.

Art. 12 Änderung bisherigen Rechts

Das Kernenergiehaftpflichtgesetz vom 18. März 1983 wird wie folgt geändert:

Art. 2 Abs. 1 Bst. b und c

(1) Als Nuklearschaden gilt:

    ...

   b) der Schaden, der durch eine andere Strahlenquelle innerhalb einer Kernanlage verursacht wird;

   c) der Schaden, der als Folge behördlich angeordneter oder empfohlener Massnahmen zur Abwehr oder Verminderung einer

unmittelbar drohenden nuklearen Gefährdung eintritt, mit Ausnahme von entgangenem Gewinn.

Art. 13 Übergangsbestimmung

Dieses Gesetz gilt nur für Produkte, die nach seinem Inkrafttreten in
Verkehr gebracht wurden

Art. 14 Referendum und Inkrafttreten

(1) Dieses Gesetz untersteht dem fakultativen Referendum

(2) Der Bundesrat bestimmt das Inkrafttreten.

Ständerat, 18. Juni 1993   Nationalrat; 18. Juni 1993
Der Präsident: Piller   Der Präsident: Schmidhalter
Der Sekretär: Lanz   Der Protokollführer Anliker

Ablauf der Referendumsfrist und Inkraftsetzung

Die Referendumsfrist für dieses Gesetz ist am 4. Oktober 1993
unbenützt abgelaufen.

Es wird auf den 1. Januar 1994 in Kraft gesetzt.

25. November 1993   Im Namen des Schweizerischen Bundesrates
                           Der Bundespräsident: Ogi
                           Der Bundeskanzler: Couchepin

12. Auszug aus dem Wiener Kaufrechtsübereinkommen vom 11. April 1980

"Wiener Kaufrecht": Übereinkommen der Vereinten Nationen über Verträge über den internationalen Warenkauf

Abgeschlossen in Wien am 11. April 1980
Inkrafttreten für die Schweiz am 1. März 1991

Teil I Anwendungsbereich und allgemeine Bestimmungen

Kapitel I Anwendungsbereich

1. (1)   Dieses Übereinkommen ist auf Kaufverträge über Waren zwischen Parteien anzuwenden, die ihre Niederlassung in verschiedenen Staaten haben

   a) wenn diese Staaten Vertragsstaaten sind oder

   b) wenn die Regeln des internationalen Privatrechts zur Anwendung des Rechts eines Vertragsstaates führen.

   (2)   Die Tatsache, dass die Parteien ihre Niederlassung in verschiedenen Staaten haben, wird nicht berücksichtigt, wenn sie sich nicht aus dem Vertrag, aus früheren Geschäftsbeziehungen oder aus Verhandlungen oder Auskünften ergibt, die vor oder bei Vertragsabschluss zwischen den Parteien geführt oder von ihnen erteilt worden sind.

   (3)   Bei Anwendung dieses Übereinkommens wird weder berücksichtigt, welche Staatsangehörigkeit die Parteien haben, noch ob sie Kaufleute oder Nichtkaufleute sind oder ob der Vertrag handelsrechtlicher oder zivilrechtlicher Art ist.

2.   Dieses Übereinkommen findet keine Anwendung auf den Kauf

   a) von Ware für den persönlichen Gebrauch oder den Gebrauch in der Familie oder im Haushalt, es sei denn, dass der Verkäufer vor oder bei Vertragsabschluss weder wusste noch wissen musste, dass die Ware für einen solchen Gebrauch gekauft wurde;

b) bei Versteigerungen;

c) aufgrund von Zwangsvollstreckungs- oder anderen gerichtlichen Massnahmen;

d) von Wertpapieren oder Zahlungsmitteln;

e) von Seeschiffen, Binnenschiffen, Luftkissenfahrzeugen oder Luftfahrzeugen;

f) von elektrischer Energie.

3. (1) Den Kaufverträgen stehen Verträge über die Lieferung herzustellender oder zu erzeugender Ware gleich, es sei denn, dass der Besteller einen wesentlichen Teil der für die Herstellung oder Erzeugung notwendigen Stoffe selbst zu liefern hat.

(2) Dieses Übereinkommen ist auf Verträge nicht anzuwenden, bei denen der überwiegende Teil der Pflichten der Partei, welche die Ware liefert, in der Ausführung von Arbeiten oder anderen Dienstleistungen besteht.

4. Dieses Übereinkommen regelt ausschliesslich den Abschluss des Kaufvertrages und die aus ihm erwachsenden Rechte und Pflichten des Verkäufers und des Käufers. Soweit in diesem Übereinkommen nicht ausdrücklich etwas anderes bestimmt ist, betrifft es insbesondere nicht

a) die Gültigkeit des Vertrages oder einzelner Vertragsbestimmungen oder die Gültigkeit von Handelsbräuchen;

b) die Wirkungen, die der Vertrag auf das Eigentum an der verkauften Ware haben kann.

5. Dieses Übereinkommen findet keine Anwendung auf die Haftung des Verkäufers für den durch die Ware verursachten Tod oder die Körperverletzung einer Person.

6. Die Parteien können die Anwendung dieses Übereinkommens ausschliessen oder, vorbehaltlich des Artikels 12, von seinen Bestimmungen abweichen oder deren Wirkung ändern.

...

13. Auszug aus dem Lugano Übereinkommen vom 16. September 1988

Übereinkommen über die gerichtliche Zuständigkeit und die Vollstreckung gerichtlicher Entscheidungen in Zivil- und Handelssachen

Abgeschlossen in Lugano am 16. September 1988
Von der Bundesversammlung genehmigt am 14. Dezember 1990
Schweizerische Ratifikationsurkunde hinterlegt am 18. Oktober 1991
In Kraft getreten für die Schweiz am 1. Januar 1992

Präambel

Die hohen Vertragsparteien dieses Übereinkommens –

in dem Bestreben, in ihren Hoheitsgebieten den Rechtsschutz der dort ansässigen Personen zu verstärken,

in der Erwägung, dass es zu diesem Zweck geboten ist, die internationale Zuständigkeit ihrer Gerichte festzulegen, die Anerkennung von Entscheidungen zu erleichtern und ein beschleunigtes Verfahren einzuführen, um die Vollstreckung von Entscheidungen, öffentlichen Urkunden und gerichtlichen Vergleichen sicherzustellen,

im Bewusstsein der zwischen ihnen bestehenden Bindungen, die im wirtschaftlichen Bereich die Freihandelsabkommen zwischen der Europäischen Wirtschaftsgemeinschaft und den Mitgliedstaaten der Europäischen Freihandelsassoziation bestätigt worden sind,

unter Berücksichtigung des Brüsseler Übereinkommens vom 27. September 1968 über die gerichtliche Zuständigkeit und die Vollstreckung gerichtlicher Entscheidungen in Zivil- und Handelssachen in der Fassung der infolge der verschiedenen Erweiterungen der Europäischen Gemeinschaften geschlossenen Beitrittsübereinkommen, in der Überzeugung, dass die Ausdehnung der Grundsätze des genannten Übereinkommens auf die Vertragsstaaten des vorliegenden Übereinkommens die rechtliche und wirtschaftliche Zusammenarbeit in Europa verstärken wird,

in dem Wunsch, eine möglichst einheitliche Auslegung des Übereinkommens sicherzustellen -

haben in diesem Sinne beschlossen, dieses Übereinkommen zu schliessen, und sind wie folgt übereingekommen:

Titel I Anwendungsbereich

Artikel 1
Dieses Übereinkommen ist in Zivil- und Handelssachen anzuwenden, ohne dass es auf die Art der Gerichtsbarkeit ankommt. Es erfasst insbesondere nicht Steuer- und Zollsachen sowie verwaltungsrechtliche Angelegenheiten.

Es ist nicht anzuwenden auf

1. den Personenstand, die Rechts- und Handlungsfähigkeit sowie die gesetzliche Vertretung von natürlichen Personen, die ehelichen Güterstände, das Gebiet des Erbrechts einschliesslich des Testamentrechts;
2. Konkurse, Vergleiche und ähnliche Verfahren;
3. die soziale Sicherheit;
4. die Schiedsgerichtsbarkeit.

Titel II Zuständigkeit

1. Abschnitt Allgemeine Vorschriften

Artikel 2
Vorbehältlich der Vorschriften dieses Übereinkommens sind Personen, die ihren Wohnsitz in dem Hoheitsgebiet eines Vertragsstaats haben, ohne Rücksicht auf ihre Staatsangehörigkeit vor den Gerichten dieses Staates zu verklagen.

Auf Personen, die nicht dem Staat, in dem sie ihren Wohnsitz haben, angehören, sind die für Inländer maßgebenden Zuständigkeitsvorschriften anzuwenden.

Artikel 3

Personen, die ihren Wohnsitz in dem Hoheitsgebiet eines Vertragsstaats haben, können vor den Gerichten eines anderen Vertragsstaats nur gemäss den Vorschriften des 2. bis 6. Abschnitts verklagt werden.

Insbesondere können gegen diese Personen nicht geltend gemacht werden

– ...

– in der Schweiz: der Gerichtsstand des Arrestortes ... gemäss Artikel 4 des Bundesgesetzes über das internationale Privatrecht...

– ...

2. Abschnitt Besondere Zuständigkeiten

Artikel 5

Eine Person, die ihren Wohnsitz in dem Hoheitsgebiet eines Vertragsstaats hat, kann in einem anderen Vertragsstaat verklagt werden,

1. wenn ein Vertrag oder Ansprüche aus einem Vertrag den Gegenstand des Verfahrens bilden, vor dem Gericht des Ortes, an dem die Verpflichtung erfüllt worden ist oder zu erfüllen wäre; wenn ein individueller Arbeitsvertrag oder Ansprüche aus einem individuellen Arbeitsvertrag den Gegenstand des Verfahrens bilden, vor dem Gericht des Ortes, an dem der Arbeitnehmer gewöhnlich seine Arbeit verrichtet; verrichtet der Arbeitnehmer seine Arbeit gewöhnlich nicht in ein und demselben Staat, vor dem Gericht des Ortes, an dem sich die Niederlassung befindet, die den Arbeitnehmer eingestellt hat;

2. wenn es sich um eine Unterhaltssache handelt, vor dem Gericht des Ortes, an dem der Unterhaltsberechtigte seinen Wohnsitz oder seinen gewöhnlichen Aufenthalt hat, oder im Falle einer Unterhaltssache, über die im Zusammenhang mit einem Verfahren in bezug auf den Personenstand zu entscheiden ist, vor dem nach seinem Recht für

dieses Verfahren zuständigen Gericht, es sei denn, diese Zuständigkeit beruht lediglich auf der Staatsangehörigkeit einer der Parteien;

3. wenn eine unerlaubte Handlung oder eine Handlung, die einer unerlaubten Handlung gleichgestellt ist, oder wenn Ansprüche aus einer solchen Handlung den Gegenstand des Verfahrens bilden, vor dem Gericht des Ortes, an dem das schädigende Ereignis eingetreten ist;

4. wenn es sich um eine Klage auf Schadenersatz oder auf Wiederherstellung des früheren Zustands handelt, die auf eine mit Strafe bedrohte Handlung gestützt wird, vor dem Strafgericht, bei dem die öffentliche Klage erhoben ist, soweit dieses Gericht nach seinem Recht über zivilrechtliche Ansprüche erkennen kann;

5. wenn es sich um Streitigkeiten aus dem Betrieb einer Zweigniederlassung, einer Agentur oder einer sonstigen Niederlassung handelt, vor dem Gericht des Ortes, an dem sich diese befindet;

6. wenn sie in ihrer Eigenschaft als Begründer, "trustee" oder Begünstigter eines "trust" in Anspruch genommen wird, der auf Grund eines Gesetzes oder durch schriftlich vorgenommenes oder schriftlich bestätigtes Rechtsgeschäft errichtet worden ist, vor den Gerichten des Vertragsstaats, in dessen Hoheitsgebiet der "trust" seinen Sitz hat;

7. wenn es sich um eine Streitigkeit wegen der Zahlung von Berge- und Hilfslohn handelt, der für Bergungs- oder Hilfeleistungsarbeiten gefordert wird, die zugunsten einer Ladung oder einer Frachtforderung erbracht worden sind, vor dem Gericht, in dessen Zuständigkeitsbereich diese Ladung oder die entsprechende Frachtforderung

   a) mit Arrest belegt worden ist, um die Zahlung zu gewährleisten, oder

   b) mit Arrest hätte belegt werden können, jedoch dafür eine Bürgschaft oder eine andere Sicherheit geleistet worden ist;

diese Vorschrift ist nur anzuwenden, wenn behauptet wird, dass der Beklagte Rechte an der Ladung oder an der Frachtforderung hat oder zur Zeit der Bergungs- oder Hilfeleistungsarbeiten hatte.

Artikel 6

Eine Person, die ihren Wohnsitz in dem Hoheitsgebiet eines Vertragsstaats hat, kann auch verklagt werden,

1. wenn mehrere Personen zusammen verklagt werden, vor dem Gericht, in dessen Bezirk einer der Beklagten seinen Wohnsitz hat;

2. wenn es sich um eine Klage auf Gewährleistung oder um eine Interventionsklage handelt, vor dem Gericht des Hauptprozesses, es sei denn, dass diese Klage nur erhoben worden ist, um diese Person dem für sie zuständigen Gericht zu entziehen;

3. wenn es sich um eine Widerklage handelt, die auf denselben Vertrag oder Sachverhalt wie die Klage selbst gestützt wird, vor dem Gericht, bei dem die Klage selbst anhängig ist;

4. wenn ein Vertrag oder Ansprüche aus einem Vertrag den Gegenstand des Verfahrens bilden und die Klage mit einer Klage wegen dinglicher Rechte an unbeweglichen Sachen gegen denselben Beklagten verbunden werden kann, vor dem Gericht des Vertragsstaats, in dem die unbewegliche Sache belegen ist.

...

6. Abschnitt Vereinbarung über die Zuständigkeit

Artikel 17

(1) Haben die Parteien, von denen mindestens eine ihren Wohnsitz in dem Hoheitsgebiet eines Vertragsstaats hat, vereinbart, dass ein Gericht oder die Gerichte eines Vertragsstaats über eine bereits entstandene Rechtsstreitigkeit oder über eine künftige aus einem bestimmten Rechtsverhältnis entspringende Rechtsstreitigkeit entscheiden sollen, so sind dieses Gericht oder die Gerichte dieses Staates ausschliesslich zuständig. Eine solche Gerichtsstandsvereinbarung muss geschlossen werden

a) schriftlich oder mündlich mit schriftlicher Bestätigung,

b) in einer Form, welche den Gepflogenheiten entspricht, die zwischen den Parteien entstanden sind, oder

c) im internationalen Handel in einer Form, die einem Handelsbrauch entspricht, den die Parteien kannten oder kennen mussten und den Parteien von Verträgen dieser Art in dem betreffenden Geschäftszweig allgemein kennen und regelmässig beachten.

Wenn eine solche Vereinbarung von Parteien geschlossen wurde, die beide ihren Wohnsitz nicht im Hoheitsgebiet eines Vertragsstaats haben, so können die Gerichte der anderen Vertragsstaaten nicht entscheiden, es sei denn, das vereinbarte Gericht oder die vereinbarten Gerichte haben sich rechtskräftig für unzuständig erklärt.

...

(4) Ist eine Gerichtsstandsvereinbarung nur zugunsten einer der Parteien getroffen worden, so behält diese das Recht, jedes andere Gericht anzurufen, das aufgrund dieses Übereinkommens zuständig ist.

...

Artikel 18

Sofern das Gericht eines Vertragsstaats nicht bereits nach anderen Vorschriften dieses Übereinkommens zuständig ist, wird es zuständig, wenn sich der Beklagte vor ihm auf das Verfahren einlässt. Dies gilt nicht, wenn der Beklagte sich nur einlässt, um den Mangel der Zuständigkeit geltend zu machen, oder wenn ein anderes Gericht aufgrund des Artikels 16 ausschliesslich zuständig ist.

...

Titel III Anerkennung und Vollstreckung

Artikel 25

Unter "Entscheidung" im Sinne dieses Übereinkommens ist jede von einem Gericht eines Vertragsstaats erlassene Entscheidung zu verstehen ohne Rücksicht auf ihre Bezeichnung wie Urteil, Beschluss oder Vollstreckungsbefehl, einschliesslich des Kostenfestsetzungsbeschlusses eines Urkundsbeamten.

1. Abschnitt Anerkennung

Artikel 26

Die in einem Vertragsstaat ergangenen Entscheidungen werden in den anderen Vertragsstaaten anerkannt, ohne dass es hierfür eines besonderen Verfahrens bedarf.

Bildet die Frage, ob eine Entscheidung anzuerkennen ist, als solche den Gegenstand eines Streites, so kann jede Partei, welche die Anerkennung geltend macht, in dem Verfahren nach dem 2. und 3. Abschnitt dieses Titels die Feststellung beantragen, dass die Entscheidung anzuerkennen ist.

Wird die Anerkennung in einem Rechtsstreit vor dem Gericht eines Vertragsstaats, dessen Entscheidung von der Anerkennung abhängt, verlangt, so kann dieses Gericht über die Anerkennung entscheiden.

Artikel 27

Eine Entscheidung wird nicht anerkannt,

1. wenn die Anerkennung der öffentlichen Ordnung des Staates, in dem sie geltend gemacht wird, widersprechen würde;

2. wenn dem Beklagten, der sich auf das Verfahren nicht eingelassen hat, das dieses Verfahren einleitende Schriftstück oder ein gleichwertiges Schriftstück nicht ordnungsgemäss und nicht so rechtzeitig zugestellt worden ist, dass er sich verteidigen konnte;

3. wenn die Entscheidung mit einer Entscheidung unvereinbar ist, die zwischen denselben Parteien in dem Staat, in dem die Anerkennung geltend gemacht wird, ergangen ist;

4. wenn das Gericht des Ursprungsstaats bei seiner Entscheidung hinsichtlich einer Vorfrage, die den Personenstand, die Rechts- und Handlungsfähigkeit sowie die gesetzliche Vertretung einer natürlichen Person, die ehelichen Güterstände oder das Gebiet des Erbrechts einschliesslich des Testamentsrechts betrifft, sich in Wider-

spruch zu einer Vorschrift des internationalen Privatrechts des
Staates, in dem die Anerkennung geltend gemacht wird, gesetzt hat,
es sei denn, dass die Entscheidung nicht zu einem anderen Ergebnis geführt hätte, wenn die Vorschriften des internationalen Privatrechts dieses Staates angewandt worden wären;

5. wenn die Entscheidung mit einer früheren Entscheidung unvereinbar ist, die in einem Nichtvertragsstaat zwischen denselben Parteien
in einem Rechtsstreit wegen desselben Anspruchs ergangen ist,
sofern diese Entscheidung die notwendigen Voraussetzungen für
ihre Anerkennung in dem Staat erfüllt, in dem die Anerkennung
geltend gemacht wird.

...

Artikel 29
Die ausländische Entscheidung darf keinesfalls in der Sache selbst nachgeprüft werden.

...

2. Abschnitt Vollstreckung

Artikel 31
Die in einem Vertragsstaat ergangenen Entscheidungen, die in diesem
Staat vollstreckbar sind, werden in einem anderen Vertragsstaat vollstreckt, wenn sie dort auf Antrag eines Berechtigten für vollstreckbar
erklärt worden sind.

Im Vereinigten Königreich wird eine derartige Entscheidung jedoch in
England und Wales, in Schottland oder in Nordirland vollstreckt, wenn
sie auf Antrag eines Berechtigten zur Vollstreckung in dem betreffenden Teil des Vereinigten Königreichs registriert worden ist.

...

Protokoll Nr. 1

über bestimmte Zuständigkeits-, Verfahrens- und Vollstreckungs-fragen

...

Artikel Ia

(1) Die Schweizerische Eidgenossenschaft behält sich das Recht vor, bei der Hinterlegung der Ratifikationsurkunde zu erklären, dass eine in einem anderen Vertragsstaat ergangene Entscheidung in der Schweiz nicht anerkannt oder vollstreckt wird, wenn

a) die Zuständigkeit des Gerichts, das die Entscheidung erlassen hat, sich nur auf Artikel 5 Nummer 1 des Übereinkommens stützt;

b) der Beklagte zum Zeitpunkt der Einleitung des Verfahrens seinen Wohnsitz in der Schweiz hatte; im Sinne dieses Artikels hat eine Gesellschaft oder juristische Person ihren Sitz in der Schweiz, wenn ihr statutarischer Sitz und der tatsächliche Mittelpunkt ihrer Tätigkeit in der Schweiz liegen; und

c) der Beklagte gegen die Anerkennung oder die Vollstreckung der Entscheidung in der Schweiz Einspruch erhebt, sofern er nicht auf den Schutz der in diesem Absatz vorgesehenen Erklärung verzichtet hat.

(2) Dieser Vorbehalt ist nicht anzuwenden, soweit in dem Zeitpunkt, zu dem die Anerkennung oder Vollstreckung beantragt wird, eine Änderung von Artikel 59 der Schweizerischen Bundesverfassung stattgefunden hat. Der Schweizerische Bundesrat teilt solche Änderungen den Unterzeichnerstaaten und den beitretenden Staaten mit.

(3) Dieser Vorbehalt wird am 31. Dezember 1999 unwirksam. Er kann jederzeit zurückgezogen werden.